梁启超的阅读史

石珠林◎著

南方日报出版社
NANFANG DAILY PRESS
中国·广州

图书在版编目（CIP）数据

梁启超的阅读史/石珠林著．--广州：南方日报出版社，2025.2.(2025.7重印) --ISBN 978-7-5491-2908-9

Ⅰ.B259.15

中国国家版本馆CIP数据核字第2024JW2443号

LIANG QICHAO DE YUEDU SHI

梁启超的阅读史

著　　者：石珠林
出版发行：南方日报出版社
地　　址：广州市广州大道中289号
出 版 人：周山丹
责任编辑：朱晓娟
责任校对：阮昌汉
责任技编：王　兰
封面设计：邓晓童
版式设计：劳华义
经　　销：全国新华书店
印　　刷：广州市尚铭印刷股份有限公司
成品尺寸：145mm×210mm
印　　张：9.25
字　　数：187千字
版　　次：2025年2月第1版
印　　次：2025年7月第2次印刷
定　　价：48.00元

投稿热线：(020) 87360640　　读者热线：(020) 87363865

目录

CONTENTS

绪论：从阅读史进入梁启超

新文化运动期间，老革命党人张继曾致信《新潮》杂志，文中言及“一个时代有一个时代的文章”[①]，虽并非针对文学专门发论，但兼及时代变迁与文风递嬗，却可圈点。

当人们意识到“今”非“昔”比时，过往的“人物”与“文章”也就皆成了“历史”，而对他们进行盖棺论定的过程，或可称为“历史化”。“新”之又“新”，使老人只得“追着青年跑”，此前时代舞台中央的人物，也就成了保守与守旧的代表。或如胡适之所言，虽然“颇能努力跟着一班少年人向前跑”[②]，但总显得有些落伍[③]。总结历史是为了更好

① 罗家伦：《通信：张溥泉君来信——罗家伦复》（1919 年 4 月 29 日），《新潮》第 2 卷第 2 号，1919 年 12 月。

② 适之（胡适）：《老章又反叛了!》，《国语周刊》第 12 期，1925 年 8 月 30 日。

③ 胡适 1918 年有《归国杂感》：“我这回回家寻出了一部叶德辉的《翼教丛编》，读了一遍，才知道这二十年的中国实在已经有了许多大进步。不到二十年前，那些老先生们，如叶德辉、王益吾之流，出了死力去驳康有为，所以这书叫做《翼教丛编》。我们今日也痛骂康有为。但二十年前的中国，骂康有为太新。二十年后的中国，却骂康有为太旧。”（胡适：《归国杂感》，《新青年》第 4 卷第 1 号，1918 年 1 月 15 日）

地面向未来。近代中国处在一个“转型时代”①，民国以后，时人多用“近三百年”“三百年来”来总结或许并不太遥远的“昨天”。身逢其时，梁启超和钱穆即都写有《中国近三百年学术史》②，梁氏更是将自己置身于“三百年”的长时间段中加以评判。不知不觉中，也许到了该总结的时候了。

一

从学术史的梳理来看，这样的总结自然有很多了。但落实到近现代文学的转型上，笔者却想借长期以来被学界有意无意所忽略的一本讲稿展开话题。1929 年，卢冀野在上海光华大学讲授“近代中国文学”的课程，课毕，讲义经柳陞祺、潘正译、周宸明、陆真如四位同学整理后，于 1930 年 5 月在上海会文堂新记书局出版。课程开设的 1929 年，正是梁氏不幸殒身的年头。此前 1927 年的夏天，卢氏已在金陵暑期学校讲授过“中国新兴文艺评论”的课程，并且颇为自得：“那时搜集了不少材料，并且从同光说起，第一章《文学革命之先声》便把清末新文学的萌芽状态，一齐表张出

---

① 参［美］张灏：《中国近代思想史的转型时代》，《二十一世纪》（香港）第 52 期 1994 年 4 月；［美］张灏：《梁启超与中国思想的过渡（1890—1907）》，崔志海、葛夫平译，北京：中央编译出版社，2016 年。

② 梁启超于 1923—1924 年在清华学校开设“中国近三百年学术史”的课程，随即出版有同名讲义，讲课稿同时在《时事新报》《史地学报》登载；钱穆自 1931 年秋任教于北京大学，开始“近三百年学术史”课程，边讲边撰，反复修订 5 年成书，于 1937 年由商务印书馆初版。

来。……这种工作也很有趣味的。”[①] 他自称这本小册子在“范围与立场”上与胡适之的《最近五十年之中国文学》、钱基博的《现代中国文学史长编稿本》“立场都有些不同”，并对只曾“听说”未曾“寓目”的陈子展之《近代中国文学之变迁》表示怀疑：“不知道他是否也就中国新兴文艺演变的因果上观察而下的批判？”

卢氏此书在治近代文学的专门家眼中有着重要地位[②]。究其原因，或许正是卢氏夫子自道之就“中国新兴文艺”的演变作了“因果上观察而下的批判”，换言之，即立足文学内部的发展演变，探究近代文学向新文学转换的历程。讲稿内容并不是很多，共分四讲：第一讲《诗歌革命之先声》；第二讲《乔那律士姆与近代散文》；第三讲《同光以来之小说家》；第四讲《剧坛之厄运及幸运》。从讲稿的内容来看，显然是按照新文化运动以来逐渐形成并定性的四大文类来安排课程的；但是从时间的划分来看，卢氏又显然并不认同“现代”意义上的四大文体有着统一的因果演变意义上的分期，而是各具特点。具体到每一种文类来看，并非采用一个具体的时间节点，而是采用较长时间段的“演化”分析模式。

① 卢冀野：《近代中国文学讲话》，柳陞祺、潘正译、周宸明、陆真如记，上海：上海会文堂新记书局，1930 年，“序言”第 1 页。

② 参胡全章：《卢冀野〈近代中国文学讲话〉的学术史意义》，《现代中文学刊》2010 年第 4 期。

应该说卢氏还是眼光独到的，抓住了梁启超最有影响力的元素之一。笔者所感兴趣的是第二讲。一开头，卢氏自云："一九十一年，中华民国推翻了满洲政府，于政治上开了新纪元，同时于文学上亦发生重大变动。然而要讲文学之变动，不得不先明白未变动以前的几位'文章老宿'！"① 梁启超自然就是卢氏所说的几位"文章老宿"之一了，而所谓"乔那律士姆"，即英文"Journalism"的音译，指的是报刊或报刊文章，或所谓的"新闻文学"。基于这一论述出发点，卢冀野已经看到了大众传媒与新的"文章"（散文）之间的联系。他进一步感叹于梁氏的"新文体"出来以后，中国方才有了报章文学，文字也开始与民众接近，这一"新文体"亦是后来语体文的根源，对于文学界有着重大的影响。但正如有学者所说的那样，作为背景性因素存在的"晚清文学"乃至"近代文学"，其"文学生态今人已不太易理解"，更由于"今天的话语方式比过去简单，反而把复杂的存在简单化了"②。因而，想要重新"触摸"历史，就不得不借助大量的原始资料，拨开重重迷雾，作一番细致的梳理了。

---

① 卢冀野：《近代中国文学讲话》，柳陞祺、潘正译、周宸明、陆真如记，上海：上海会文堂新记书局，1930 年，第 1 页。

② 孙郁：《民国文学十五讲》，太原：山西人民出版社，2015 年，第 3 页。

二

有学者认为在中国近代史上，对同时代读书人影响最大，开一代风气之先的有三人，即曾国藩、梁启超和胡适，并称“越是时代的越永恒”①。对于自己的出生，梁启超日后追述道：

> 余生同治癸酉正月二十六日，实太平国亡于金陵后十年，清大学士曾国藩卒后一年，普法战争后三年，而意大利建国罗马之岁也。②

虽然，由于不经意的疏忽，他将意大利迁都罗马的时间记错了，意大利 1871 年于罗马建国，而并非他出生的 1873 年，但至少不难看出，写作《三十自述》时的他已经具备了世界眼光和全球意识。《三十自述》一文中的时间是错综复杂的，而这种“复杂”也是梁氏所处时代之一瞥：他的老师康有为于 1901 年（自述写于 1884 年），亦即《三十自述》写作的前一年，提出了“孔子纪年法”；刘师培则于 1903 年

---

① 罗志田：《风雨鸡鸣：变动时代的读书人》，北京：生活·读书·新知三联书店，2019 年，第 45 页。

② 梁启超：《三十自述》（1902 年 12 月），载《梁启超全集》（第 4 集），北京：中国人民大学出版社，2018 年，第 107 页。下文所引梁启超文字，如无说明，皆从此版本，仅注明题名、卷数及页码。

提出了“黄帝纪年论”。就连梁氏自己，在同一篇文章的开头与结尾，也采用了不同的纪年方法，“余生同治癸酉正月二十六日”，“孔子纪元二千四百五十三年壬寅十一月”。

同样是在《三十自述》写作的前一年，梁氏《二十世纪太平洋歌》采用了中西混合的计时方式，于“西历一千八百九十九年腊月晦日之夜半，扁舟横渡太平洋”[①]，感受到了“现代”意义上“地理”与“时间”两个层面的冲击：“蓦然忽想今夕何夕地何地，乃是新旧二世纪之界线，东西两半球之中央。不自我先不我后，置身世界第一关键之津梁。”[②]“1899 年”是在西方影响下——特别是传教士与焉有功——的纪年方法。为了与中国传统的“农历”相区别，称之为“西元”或“西历”。“腊月晦日之夜半”则是传统文人常用的计时方法了，这种纪年方法不像西方的钟表时刻那般精确，透露着一种主观感受，所指向的时间系统也是模糊的。因为有着自给自足性，这一系统下的其他种种，似乎不需要与外在的世界进行交流，因而，也就成了其自我封闭的理由。

清政府与英、法媾和，太平天国运动亦被平定，政治上出现了一个相对和谐稳定的时期，史家便迎合某种兴趣称之为“同治中兴”。主持中兴的大臣，后来也大多成为洋务运

---

① 梁启超：《二十世纪太平洋歌》（1901 年），载《梁启超全集》（第 17 集），第 602 页。

② 梁启超：《二十世纪太平洋歌》（1901 年），载《梁启超全集》（第 17 集），第 602 页。

动的中坚力量，他们差不多可以认为是梁启超的上一代。据冯雪峰回忆，鲁迅晚年曾有过一个书写近现代以来四代知识分子题材长篇小说的计划。所谓四代，章太炎辈算一代，他自己一辈算一代，瞿秋白等同志一辈算一代以及比瞿秋白等稍后的一代①。承续鲁迅的思路，在李泽厚的思路中，梁启超亦属于以章太炎等为代表的第一代封建末代知识分子，其中少数先进者参加或受戊戌维新思想影响，或领导了辛亥革命（“辛亥的一代”）②。可供参照的还有，许纪霖将20世纪以来的中国知识分子划分为“六代”，在他的划分中，梁启超属于“晚清一代”③。

鲁迅、李泽厚以及许纪霖的划分方法，并不仅仅基于年龄上的相仿，更多的，是基于时代背景的“共名”以及精神气质的契合。一代人有一代人的精神风貌，一代人有一代人的时代背景，命名本身所附着的历史事件及时代背景，暗含着“一代人”不仅“创造”历史，也被历史语境中的思想、文化、事件塑造与规约，亦即被历史所“创造”。我们大致可以认为，梁启超与康有为、章太炎、严复、林纾等晚清知识分子在精神气质上属于同一“代”。而之所以要在此引用

---

① 冯雪峰：《回忆鲁迅》，载鲁迅博物馆、鲁迅研究室、《鲁迅研究月刊》选编《鲁迅回忆录》（中），北京：北京出版社，1999年，第679页。

② 李泽厚：《略论鲁迅思想的发展》，载《中国近代思想史论》，北京：生活·读书·新知三联书店，2008年，第480页。

③ 许纪霖：《20世纪中国六代知识分子》，载《中国知识分子十论》，上海：复旦大学出版社，2003年，第82页。

诸多观点定位出梁启超所属的“代”，是为了便于把握其在历史坐标中的位置，以便“知人论世”。

三

阅读史研究近年来逐渐成为显学，相关成果如雨后春笋。有学者将其研究路径归纳为两种：一种是研究阅读与思想观念形成的关联[①]，即探究作家的精神思想之渊源；另一种则是考察读物的传播与接受情况，即作品的传播接受史[②]。对于本书来说，显然取径前者。具体到梁启超，则是探究他的阅读史与近代思想、文学观念的变迁以及文体变革之间的关系。但这并非易事，正如有学者感慨的那样：

> 倘若要对梁启超所接触、处理和接受过的思想资源，作一番章学诚所悬示的“考镜源流、辨章学术”那样的分梳性工作，我以为望而却步、视为畏途的研究者当不在少数。梁的学术兴趣实在太宽泛了，知识欲的强盛，远不是一般人所可以揣想。上溯远古，下及近代，举凡

---

① 潘光哲：《晚清士人的西学阅读史：一八三三—一八九八》，南京：凤凰出版社，2019 年，第 8 页。

② 周叶飞：《“阅”与“读”：关于中国报刊阅读史研究的一点思考》，《史林》2021 年第 5 期。

他的时代所能触及的，无一不在他的思想学术视野中。①

的确，梁启超的“流质易变”似乎已经成了共识，以至于有学者甚至将其视为一种转型时期的“文化品格”，并加以研究②。正如梁启超自己所说的那样：“启超‘学问欲’极炽，其所嗜之种类亦繁杂。每治一业，则沉溺焉，集中精力，尽抛其他；历若干时日，移于他业，则又抛其前所治者。以集中精力故，故常有所得；以移时而抛故，故入焉而不深。”③ 因此，仅仅是想要梳理他的阅读史，那工作就会显得线索繁杂，让人望而却步。因而，不妨转换一种思路，并不着力于面面俱到地梳理他一生的阅读史，而是以局部时间段的“阅读史”为“方法”、为线索，加之以类型的研究，探究“阅读”与其知识结构、思想资源的一二侧面。亦即，通过“阅读史”来探究一些具体的问题，比如“阅读史”与他的思想转变、“文学”观念及“文体”更新之间是否有着某种潜在的联系。

关于梁启超一生的经历、活动的分期，史家虽各执一词，莫衷一是，但突出重大事件、重要时间节点在梁氏生命中的

---

① 李振声：《重溯新文学精神之源：中国新文学建构中的晚清思想学术因素》，上海：上海人民出版社，2020 年，第 109 页。

② 参罗义华：《论梁启超的“流质性”与转型期中国文学的现代品格》，武汉：华中师范大学出版社，2007 年。

③ 梁启超：《清代学术概论·二十六》，载《梁启超全集》（第 10 集），第 281 页。

重要意义是众多分期方法的共同点。梁氏1929年逝世以后，便有人作“盖棺定论”的分期：

> 窃论梁先生生平以著作报国，实有四十年之历史，此四十年间之事实，又可分析为四个时期：（1）为戊戌变法及逋日刊报之时期。（2）为运动立宪请愿及辛亥革命之时期。（3）为兴师起义讨伐洪宪及复辟之时期。（4）为入校讲学指导青年读书运动爱国运动时期。又第一个时期亦可称为维新变法之时期，第二个时期亦可称为立宪革命双方并进之时期，第三个时期亦可称为兴兵起义恢复共和之时期，第四个时期亦可称为讲学育才领导青年救国之时期。此系梁先生四十年报国历史中之四大纲领也。[1]

张荫麟则将其置于中国近代学术史的框架中予以述评：

> 任公先生一生之智力活动，分为四时期，每时期各有特殊之贡献与影响。第一期自其撇弃词章考据，就学万木草堂，以至戊戌政变以前止，是为“通经致用”之时期。第二期自戊戌政变以后至辛亥革命成功时止，是

① 徐佛苏：《梁任公先生逸事》，转引自吴天任《梁启超年谱》（第4册），广州：广东人民出版社，2018年，第1869页。

为介绍西方思想，并以新观点批评中国学术之时期，而仍以“致用”为鹄的。第三期自辛亥革命成功后至先生欧游以前止，是为纯粹政论家之时期。第四期自先生欧游归后以至病殁，是为专力治史之时期。此时期渐有为学问之倾向，然终不能忘情国艰民瘼，殆即以此损其天年，哀哉。先生第一期之智力活动，全受康南海之影响。此时期之梁先生，实为康南海附庸，吾确信即起梁先生于九原，当不以此为降抑之词也。而此后三时期之活动，实于此时期奠其基。①

依据梁氏一生领导或参与之重大活动，将其著述活动分为四期，徐佛苏更多考虑的是外部时事对于历史中个体之影响；相比之下，张荫麟将梁氏一生之“智力活动”分为四期，则更多是从梁氏自己的主体活动出发。虽然，两者的划分都具有一定的依据，也归纳出了梁氏一生中的某些特点，但不可否认的是，二者都有意无意之中忽视了家学渊源对其为人、为文、为学的影响。儒家将人生追求的最高境界称为“三不朽”，即立德、立功和立言。粗略来看，这大致涉及三个方面，“立德”大致教人修身，即学会“做人”；“立功”教人成就事业，即“做事”；而“立言”则涉及将自己的所

① 素痴（张荫麟）：《近代中国学术史上之梁任公先生（录天津大公报文学副刊）》，《学衡》第67期，1929年1月。

思所想表达出来并将之流传下去，无论是“述”抑或“作”，即“作文”。纵观梁氏的一生，无论是其日后追述的“自证”，还是亲友的“追忆”，其幼年时期经受的家庭教育都是不可忽视的。

梁氏早期读书生活主要是在传统儒家教育环境中进行的，传统家庭教育是其主要内容，以傅斯年的观察，只能“谓之家学”①。早年的生活背景和教育经历，对他后来的思想和学术发展不能说没有影响。虽然他自称“新民子”，但在“老童年”时期接受的仍然是传统的儒家教育，这是他不可磨灭的思想“背影”。《瀛环志略》等书成为梁启超认识世界的一个窗口，影响了他对中国传统文化和西方现代文明之间差异的理解。乃师康有为的“长兴学说”对梁启超学术体系形成及其学术思想和政治立场有着不可忽视的影响，在接受这一学说的基础上，梁氏发展出了自己独特的学术体系。

戊戌东渡，通过“和文汉读”——通过“目治”日文的方式阅读东、西学著作——获得的新知识使他能够绕过语言障碍，间接接触到西方的哲学、文学、政治以及经济理论。在日本期间阅读的日文书刊，使他不仅了解到西方的科学、技术和文化，还对日本的现代化进程有了深刻的认识。受相关观念及文章风格的启发，他创造并运用“新文体”来传播

① 傅斯年：《中国学术思想界之基本误谬》，《新青年》第4卷第4号，1918年4月15日。

他的思想，这种文体结合了中国传统的文言文和西方的逻辑思维，兼具“启人思”与“增人感”的效用，使梁启超的文章既有文学韵味，又具有逻辑性和说服力。

近代佛教的复兴不仅是宗教层面的，也是文化和哲学层面的。梁启超对佛教的兴趣，特别是他对佛教哲学的深入研究，对他的思想产生了深远的影响。详细追溯梁启超接触和研究佛学的历史，从他早年的佛学启蒙，到后来的深入研究，始以“发现”，继而“发明”，梁启超将佛学融入自己的学术体系之中，将佛学与经世致用、格义和养心相结合。这些不仅反映了梁启超对佛学的深刻理解，也体现了他试图将佛学应用于现实社会问题的努力。

四

1929 年 1 月中旬，还有大半个月就是己巳农历新年了。

由京津地区辐射开来，各地大报、小报都在密切关注着梁启超的病情。报纸上时不时地出现梁启超“病笃”“病危”“病重”“危笃”“绝望”“危殆”“垂危”直至“病逝”的大字标题：

梁启超病笃　今明日中恐难脱险

梁启超自去年十一月下旬入协和医院治疗后，医者即认为难治之症，曾向其家属提出危险警告，并嘱其家人到院，日夜轮流看护。今（十五）日晨，梁氏病更沉重，已入昏迷状态，脉搏高至一百八十。午后神志稍清，但据主治医生云，梁氏病状甚危，今明日中，殆难脱险云。①

梁启超病势危笃

梁启超患痔及下血旧症甚剧，在协和医院，医久不愈。经医生验有“未乃列”病菌甚众，因身体太弱，不能用碘酒治疗，故日趋严重。十六日转恶，医生打强心针。②

梁启超病已绝望

梁启超入协和就医，病久未愈。十五日起，渐昏迷，据该院医生报告，已绝望。并认梁之肺病有奇迹，要求万一不起，拟将遗体解剖，以究病原，惟梁家属尚未允此要求。③

鸣呼　梁启超昨日下午病逝

灵柩停广惠寺　临终未有遗嘱

梁启超住协和医院多日，因体弱病不易治，医生束手。前两日情形，已甚可危，经用药力挽救，始略清醒，

① 《梁启超病笃　今明日中恐难脱险》，《益世报》（天津）1929 年 1 月 17 日，第 1 张第 2 版。

② 《梁启超病势危笃》，《民国日报》1929 年 1 月 17 日，第 2 张第 3 版。

③ 《梁启超病已绝望》，《新闻报》1929 年 1 月 17 日，第 3 张第 9 版。

延至昨日午后，梁已在协和医院内病逝。[①]

在此之前一年之内的时间，他的文集经整理后，还曾分别以《重订分类饮冰室文集全编》和《新编分类饮冰室文集》的名称出版……

任公貌似知道自己时日不多，所以直至临终前仍笔耕不辍，比如《中国文化史》以及《辛稼轩先生年谱》；但又似乎对未来充满期待，就在逝世前一周的1月11日，他还在预备自己三年后的六十大寿，准备邀请他的友人作文百篇。其中，安排给林宰平的是任公之佛学研究，罗复庵的则是任公书法之研究。但最终，无论愿意还是不愿意，就像戊辰年的残腊一样，他无声无息走到了人生尽头。

在集体的、大规模的追悼会尚未开始之前，报刊上面就已经开始了“盖棺定论”[②] 的评价。相较于报刊上面较为个人、私语化的评定，或许公开仪式上的某些评语更加具有辨识度。追悼会于2月17日（己巳正月初八）开吊。是日，

① 《呜呼　梁启超昨日下午病逝　灵柩停广惠寺　临终未有遗嘱》，《大公报》1929年1月20日，第2张第2版。

② 1929年1月21日，《上海民国日报副刊·星期评论》即发出文章表示：“我们现在执笔来评价梁任公时，诚所谓‘盖棺定论’。我们觉得梁氏在从一般人物中总算是有点成绩的人物。梁氏少年时活动颇有声色，晚节亦甚好，惟中年颇多疵眚，一误于主义信仰，再误于投降军阀；然而梁氏在中国学术史上已确有地位，在革命史上亦有相当注意的价值。”德徵：《悼梁启超》，《上海民国日报副刊·星期评论》第2卷第38期，1929年1月21日。另外需要说明的是，该《星期评论》不同于《星期评论》（上海，1919），后者是由戴季陶、沈玄庐于五四运动时期主编创办的文化类刊物。

各界的悼念活动同时在上海、北京开展。追悼大会现场的挽联值得注意：

文字收功，神州革命；生平自许，中国新民。[①]（胡适）

革新思想的先觉；整理国学的大师。[②]（钱玄同）

文开白话先河，自有勋劳垂学史；政似青苗一派，终怜凭藉误英雄。[③]（杨杏佛）

三十年来新事业新智识新思想是谁唤起？

百千载后论学术论文章论人品自有公评。[④]（沈商耆）

思想随时代而变，一瞑更何之，平生自任仔肩，政绩仅追刘正字；

文章得风气之先，百身嗟莫赎，少日酬知宣室，声名突过贾长沙。[⑤]（王蕴章）

大义光史书，讨袁称皇，遏张复辟；宏文开报体，

---

① 《梁启超开吊记·挽联一束》，《益世报》（天津）1929年2月18日，第1张第3版。

② 《梁启超开吊记·挽联一束》，《益世报》（天津）1929年2月18日，第1张第3版。

③ 西神（王蕴章）：《静安寺公祭梁任公记》，《新闻报》1929年2月18日，第5张第20版。

④ 西神（王蕴章）：《静安寺公祭梁任公记》，《新闻报》1929年2月18日，第5张第20版。

⑤ 此联吴天任著《梁启超年谱》误为丁文江拟。据笔者考证，应为《小说月报》主编王蕴章所拟。王蕴章笔名“西神”。参吴天任：《梁启超年谱》（第4册），广州：广东人民出版社，2018年，第1859页；西神（王蕴章）：《静安寺公祭梁任公记》，《新闻报》1929年2月18日，第5张第20版。

群流模范，万古江河。[①]（王文濡）

上文仅仅择要选录了一些。事实上，各追悼会现场“祭幛挽联为数甚多”[②]。不难看出，前来祭拜的人多立足于传统的“三不朽”（即立德、立功、立言）来评价这位近代以来叱咤风云的人物。其中不少挽联，都涉及他的著书、文章。罗伯特·魏曼曾说：“尽管文学史家写出了一本文学史（总结性的著作），但从某种意义上来说，他本人也是文学史（即读过的书的总和）的产物。因此，撰写历史既是创造历史，也是被历史所创造。”[③] 这对“大文豪”梁启超同样是适用的。

虽然，梁氏对自己的学问根底有着清醒的估计，“我生大不幸，弱冠窃时名。诸学涉其樊，至竟无一成”[④]，“吾学病爱博，是用浅且芜。尤病在无恒，有获旋失诸。百凡可效我，此二毋我如”[⑤]，“若启超者，性虽嗜学，而爱博不专，

---

① 丁文江、赵丰田编：《梁启超年谱长编》，上海：上海人民出版社，2009年，第778页。

② 《梁启超开吊记》，《益世报（天津）》1929年2月18日，第1张第3版。

③ 转引自丁帆等著：《中国乡土小说史》，北京：北京大学出版社，2007年，第376页。

④ 梁启超：《双涛园读书》，载《梁启超全集》（第17集），第652—653页。

⑤ 梁启超：《题〈艺蘅馆日记〉第一编》，载《梁启超全集》（第17集），第651页。

事事皆仅涉其樊，而无所刻入，何足以言著述?”① 但在梁氏所处的时代，学术已经处于转型的浪潮之中，由传统之“通人”走向现代之“专门家”是大势所趋。在这一背景下，仍然要选择“通人”的道路，就不仅仅是“博览古今者为通人”② 的传统命题了。在古今之外，梁启超们还面临着中西、新旧等命题。梁氏素来爱藏书，更爱读书。自日本归国后，梁启超便居于由意大利建筑师设计的三层白石洋房，其中二、三两层均为藏书室，新书房的门上挂着“饮冰室”的匾，而笔耕不辍的他则号称“饮冰室主人”。其时正在上中学的四子思忠质问父亲，作为一名“爱国人士”为何要在通商口岸的租界里住下，并建筑书房和藏书室时，他的回答更显“书痴”本色：

> 你别把私事和国际事务混为一淡。除了家庭以外，我最关心的就是我的藏书室。我需要我的书，所以呢，我必须确保那些书随时可以使用。……为了使用这些书，我不得不搬到藏书室附近住。③

---

① 梁启超：《〈墨子学案〉自叙》，载《梁启超全集》（第 11 集），第 119 页。

② （东汉）王充：《论衡校释》，黄晖校释，北京：中华书局，1990 年，第 607 页。

③ ［美］费慰梅：《林徽因与梁思成》，成寒译，北京：法律出版社，2016 年，第 7—8 页。

书籍“是学问主要的资料”[①]，这大概是兼作家与学者于一身之梁氏的经验之谈。逝世之后，报纸上的报道和纪念文章，对于梁氏最为深刻的印象之一，便是“藏书甚富”[②]。遵照梁氏生前的遗愿[③]，子女们将他的藏书尽数捐赠北平图书馆。这批藏书于1930年3月17日由天津运抵北平，经清点，全部藏书刻本、钞本共三千四百七十种，四万一千八百一十九册。除此之外，尚有金石墨本及手稿、信札不可胜数。1931年6月，国立北平图书馆新馆落成，又特辟“梁启超纪念室”。1933年，梁启超生前好友，国立北平图书馆馆长袁守和“欲永其传也”[④]，于是安排馆员编纂了《梁氏饮冰室藏书目录》[⑤]。

书斋和典藏可谓是作家和学者的“知识仓库”，是深入

---

① 参见《梁启超全集》（第12集），第364页、367页。

② 《呜呼　梁启超昨日下午病逝　灵柩停广惠寺　临终未有遗嘱》，《大公报》1929年1月20日，第2张第2版。

③ 梁氏本人并没有在临死之时留下口头遗言，也没有在生前留下遗嘱。所谓“遗愿”，是梁氏后人及媒体共同建构起来的。关于梁氏的“遗言”，当时报纸上所说的是捐赠遗体，解剖并查明病因，以供医学研究之用，但梁氏后人似未应允。参《梁启超病已绝望》，《新闻报》1929年1月17日，第3张第9版。对于捐赠梁氏藏书之事，梁思成等追述“先君子”得病逝世的经过说：“所遗藏书数十万卷，当俟国中有稍完备之图书馆时全数捐赠，以供海内学子之求，则先君子虽往，吾学术界庶几犹沾遗教，亦不孝等所以继先君子讲学之志于万一者也。”参梁思成等述：《梁任公得病逝世经过》，载丁文江、赵丰田编《梁启超年谱长编》，上海：上海人民出版社，2009年，第773页。此后，报刊上遂沿用“遗嘱捐书”的说法了。另《梁氏饮冰室藏书目录》采用“口头遗嘱”的说法。参《梁氏饮冰室藏书目录》，北平：国立北平图书馆，1933年，第1页。

④ 国立北平图书馆编：《梁氏饮冰室藏书目录》，北京：北京图书馆出版社，2005年，“出版说明”第7页。

⑤ 需要说明的是，梁氏藏书目录最早即有门人梁廷灿、吴其昌辑《饮冰室藏书目录初编》，共16册，已佚。

了解他们知识结构、学问根基与创作生成的重要源泉。对于梁启超，我们怎样理解罗伯特·魏曼所说的“撰写历史”“创造历史”而又“被历史所创造”？“学也者，非可以向壁而造，捕风而谭也，则必读书，……则必多读书”①，“苟能多读，自能属文”②。梁氏读了哪些书？如何读的？这些书怎样影响着他的思想以及“文学”观念，又变革着他的文体？

或许，我们可以从他的阅读（史）开始。

① 梁启超：《万木草堂书藏征捐图书器启》（1898 年 3 月 13 日），载《梁启超全集》（第 1 集），第 427 页。

② 梁启超：《国学入门书要目及其读法》，载《梁启超全集》（第 16 集），第 70 页。

第一章

平生基业自兹始

“五四”以前，“新青年”傅斯年于《新青年》撰文批评中国学术思想界之基本误谬：“中国学术，以学为单位者至少，以人为单位者转多。前者谓之科学，后者谓之家学。家学者，所以学人，非所以学学也。……弟子之于师，私淑者之于前修，必尽其师或前修之所学，求其具体。”[1] 傅氏另举中国学人忽略个性，辄引前言，不察时变；因循守旧，不知分工；不精一业，好谈“致用”，只为“有用”诸弊端，其结果是造成中国学术思想界之“无形而有形之空洞间架”。这种空洞的“架子”到处应用，反映在政治、学问、文章、宗教、艺术等诸方面，到处可合，无处切合，千篇一面。要言之，其病根在“重形式而不管精神”。通观梁启超的读书、问学经历，无论是幼时的家学、私塾，抑或后来就学的万木草堂，更多的是“以人为单位”的“学问”，说到底还是“家学”。

① 傅斯年：《中国学术思想界之基本误谬》，《新青年》第4卷第4号，1918年4月15日。

一、“新民子”的“老童年”

中国传统学问注重通人的培养，阅读的对象与范围亦并不局限于现代专门化分科体系中的某一门类，因而，“学问”与“文章”亦难以简单地剥离①。“阅读”这一行为不仅仅是一种个人行为，其意义也不仅仅只在阅读者个体身上发生作用。它既是理解世界的一种方式，也是一个思想交流和传播的过程。阅读史的代际考察针对的是，不同代际读者之间阅读对象的选择、阅读方式的变迁，抑或对同一阅读对象阅读感受及评价的代际差异。这种差异或者说变迁，尤其是在具有典型特征的过渡时代，显现的是不同代际读者之间知识体系的变迁。晚近以来，这种变迁与其说是读者自己本身的“别择”，更多地，不如说是时代“局势”的推动。

已有学者感叹于以往学界在探讨陈独秀、胡适、钱玄同、鲁迅等“新青年”时，那种空降般的断裂：“仿佛是从外太空‘抛进’了1910年代的中国一般”②。但是无法忽视的是，无论是后来自称为“新民子”，抑或“新青年”，对晚清民初一代知识分子而言，“老童年”是他们记忆乃至既有知识体

---

① 参罗志田：《通中可分的中国传统治学模式》，《文艺研究》2021年第10期。

② 陆胤：《“新青年”的“老童年”》，《汉语言文学研究》2015年第2期。另参陆胤：《新青年的“老童年”》，载《变风变雅：清季民初的诗文学术与政教》，上海：上海人民出版社，2021年，第319—339页。

系中无法抹除的底色。私塾、家学、科举考试下的八股制艺时文以及桐城文章，应该是他们再熟悉不过的名词了。虽然身处内忧外患的时代，不可否认的是近代中国的阅读变迁、“文学”转型也正发生在他们的童年时代。当然，当“新民子”“新青年”们取得话语权之后，亦会对前述“老童年”的相关记忆进行追认与修改①。

梁启超童年、青年时的读书问学，从本质上说和中国传统的幼学教育并没有不同。但也应该看到，他的阅读体系已经在悄悄地发生转变，对时代的阅读风习以及读物产生了不满的情绪。这种潜在的变化，放置在与同时代乃至代际间读者阅读结构的比较之中，或许更能较为鲜明地显现出来。在分析梁氏此时期阅读史的同时，本书纳入代际比较视野，将他的阅读史与其同代的、不同代的其他知识分子相比较。故而，诸如张元济、周作人、胡适、顾颉刚、曹聚仁、张爱玲等也被纳入笔者的考察视野之中。

（一）“人生百年，立于幼学”

梁启超最初的读书活动是在祖父的指导下进行的。任公四五岁的时候，祖父就以《四子书》《诗经》等教育之。因为地近崖门（即厓山），他也经常用南宋“故事”教育幼孙，

① 这从众多的“几十自述”和回忆录中便可见一斑。

为的是用古代豪杰哲人的嘉言懿行为幼童树立榜样[①]。镜泉先生没有用传统蒙学读物“三千百”（即《三字经》《千字文》《百家姓》）来教育幼童，而是选择了似乎有一定难度的《四子书》和《诗经》，一方面可能是因为这些亦是他曾经读过且较容易获得的读物，另一方面，也饱含着对幼童科举功名方面的殷切希望。

《四子书》，即“四书”，指的是《论语》《孟子》《大学》《中庸》四部儒家经典，是宋以后官方教学和科举考试的“指定书目”。理学大儒朱熹将《中庸》《大学》从《礼记》中单独抽出，与《论语》《孟子》合编，并加以注释，成《四书章句集注》。元代，又从《四书》中摘取考题，并以朱注为标准答案，即“四书义”。明代更甚，惟“四书”是举，造成了“八股取士”的局面。直到清代，仍以相关内容命题。对此，梁启超后来评价说：

> 《论语》、《孟子》两书，近人多呼为“经书”，古代不然。……自宋儒从《礼记》中抽出《大学》、《中庸》两篇，合诸《论》、《孟》称为“四书”，明清两代，以八股取士，试题悉出“四书”。于是“四书”之诵习，其盛乃驾“六经”而上之。六七百年来，数岁孩

---

① 梁启超：《三十自述》（1902 年 12 月），载《梁启超全集》（第 4 集），第 107 页。

童入三家村塾者，莫不以“四书”为主要读本，其书遂形成一般常识之基础，且为国民心理之总关键。①

镜泉先生除了用传统儒家经典教育幼童外，还十分注重身教言传，充分利用户外教育和情境教育的方法，如利用上元佳节逛庙会的机会，对儿孙进行户外教育。又如，利用乡间庙宇里的忠孝节义故事画像教育子孙。高祖毅轩公的坟茔在崖门，每年镜泉先生都会偕子孙乘舟前往拜祭，而这，无疑又在潜移默化之中，给孙辈们提供了良好的情感教育。

梁维清是一个“肆志于学”的人，这也注定了他在为人处世和价值判断方面有“据于儒”的封闭性。据《新会名胜诗选》载，梁启超11岁时曾登新会凌云塔赋诗：

朝登凌云塔，引领望四极。暮登凌云塔，天地渐昏黑。日月有晦明，四时寒暑易。为何多变幻，此理无人识。我欲问苍天，苍天长默默。我欲问孔子，孔子难解释。搔首独徘徊，此理终难得。②

---

① 梁启超：《要籍解题及其读法》，载《梁启超全集》（第16集），第146—147页。

② 梁启超：《登塔》，载新会文联《圭峰》编辑部编《新会名胜诗选》，新会：新会县印刷厂，1982年，第14页。笔者认为或为八岁更符合情境，依梁氏《三十自述》：“八岁学为文。”参梁启超：《三十自述》（1902年12月），载《梁启超全集》（第4集），第108页。

诗外，更撰联语一副：

凌云塔下凌云想，海阔天空，迢迢路长；

天竺国里天竺望，云蒸霞蔚，须臾妙相。[①]

对于一个十几岁的孩子而言，家庭教育所教授的，以及他所阅读的儒家义理之类的书，并未能解决他心中的疑问。这也就激发了他的求知欲，期待着“知识更新”，以探索更大的世界。正如鲁迅在《青年必读书》中曾说过的那样：“我看中国书时，总觉得就沉静下去，与实人生离开；读外国书——但除了印度——时，往往就与人生接触，想做点事。”[②] 梁启超所处的时代背景，正由“一家一国”而臻“天下”，“世界”取代了“中国”（中央之国）。当传统的经验不能够解决本土在外来冲击下产生的新问题，“从别国里窃得火来”[③]，便成了智识之士们借以宣传新事、启发民众的重要手段。似乎可以预见，后来的梁启超，正是“盗火”者中的一位。

祖父镜泉先生之外，任公的父母亦在读书教育方面对其

---

① 罗检秋：《新会梁氏：梁启超家族文化史》，济南：山东画报出版社，2018 年，第 24 页。

② 鲁迅：《华盖集·青年必读书》，载《鲁迅全集》（第 3 卷），北京：人民文学出版社，2005 年，第 12 页。下文所引鲁迅文字，如无说明，皆从此版本，仅注明题名、卷数及页码。

③ 鲁迅：《二心集·“硬译”与“文学的阶级性”》，载《鲁迅全集》（第 4 卷），第 214 页。

影响颇深。父亲梁宝瑛经历了多次的科场顿挫之后，在任公八岁的时候，遂设教于乡。也许正是察觉到父亲和自己都未曾在举业上有所成就，故而对长子启超寄予了更多的厚望，进而将这种期待外化为对梁启超严格甚至近乎严苛的监督。在梁启超的记忆中，父亲是一个慈而严的人，在“督课”之外还要使之“劳作”，一旦梁启超言语举动稍不谨慎，辄严厉呵斥。

母亲在梁启超的识字和教育方面亦有影响。梁启超小时候，并不像后来那样有专门的供孩童就学的学校，他最初识字，就是母亲一笔一画教他的。在人格教育方面，同父亲一样，母亲对他也十分严厉。梁启超六岁时，曾因说谎受到母亲的严厉批评，使得他终身难忘。如此，可以说梁启超幼年时所受之家庭教育，与同时代的其他读书人没有什么太大的不同。这些教育大抵以儒家的“修身”为根基，而现实指向除“修身”外，便是科举取士。梁启超后来回忆说：“我为童子时，未有学校也。我初认字，则我母教我，直至十岁，皆受学于我祖父、我父。”①

六岁，修习完《中国略史》《五经》后，祖父专辟“怡堂书室”，聘族中孙辈的表伯父张乙星为“外傅”，这大概是梁启超的第一位正式启蒙老师了。到八岁，父亲更是亲自执

① 梁启超：《我之为童子时》，《梁启超全集》（第4集），第111页。需要注意的是，此句《全集》版疑似句读有误，引文部分已重新句读。

教。也正是在这一年，梁启超开始学习作文，到了九岁的时候已经能够写出千字的文章了。这就为“制艺”打下了基础。虽然后来梁启超对八股制艺持批判态度，但此时的他还是科举体制中一个未生发反叛意识的孩子。在乡里已经小有名气的他，还是走上了科考的第一步。十岁时，在家人的安排下，梁启超前往新会县城跟随塾师周惺吾学习。这使他得以系统学习科举考试所需的各项知识。不久，他就参加了童子试。在县试中脱颖而出之后，紧接着，他又前往广州参加府试，但他并未在接下来的广州府试中崭露头角。

1884 年，虚岁 12 岁[①]的梁启超再次前往广州应考府试，途中于广州坊间购得张南皮（即张之洞）的《輶轩语》和《书目答问》二书，归而读之，大感震惊，表示：“始知天地间有所谓学问者。”[②] 在《变法通议·论幼学》中，梁氏将二书归入“门径书”一类，并将其收入《中西学门径书七种》之中。二书均成书于张氏担任四川学政任内，与其“为国抡才”的初衷有着紧密联系。晚清校刊名家胡凤丹称《輶轩

① 在《变法通议·论幼学》中，梁氏自言：“启超本乡人，瞢不知学，年十一游坊间，得张南皮师之《輶轩语》、《书目答问》，归而读之，始知天地间有所谓学问者。”但此处的十一岁应为实指，虚岁当为十二岁。可参王心裁：《梁启超购读〈輶轩语〉与〈书目答问〉二书时间考》，载冯天瑜主编《人文论丛》1998 年卷，武汉：武汉大学出版社，1998 年，第 415—417 页。笔者对此持认同态度。

② 梁启超：《变法通议·论幼学》，载《梁启超全集》（第 1 集），第 66 页。

语》："所言独平易近情，笃实切理，无岐涂，无躐级。"[①] 光绪四年（1878），上海书商葛元煦更是认识到其巨大的商业价值："举凡习帖括、求科名者，诚能是则、是效，取金紫不同拾芥哉！"[②] 于是，他将光绪二年（1876）胡凤丹校订的《退补斋重刊本〈輶轩语〉》缩印，以便士子在舟车之中翻阅。就连提倡新文学的周作人，后来也曾在《实报》发文回忆自己购买、阅读《輶轩语》的感受：

> 往时见张之洞著《輶轩语》，嫌其名太陈腐，不一披阅。丁丑……以薄值买一册归读之，则平实而亦新创，……六十年来世事变更，乃竟不见有更新的学术指南书，平易诚挚，足与抗衡者，念之增慨。……现今学子不妨一看《輶轩语》，《阅微草堂》则非知识未足之少年所宜读者也。[③]

民国期间，由于科举已废，《輶轩语》的热度逐渐递减，但"语学"等篇依旧备受学人推崇。如果说《輶轩语》为门

---

① （清）胡凤丹：《光绪二年退补斋重刊本〈輶轩语〉序》，载苑书义、孙华峰、李秉新编《张之洞全集》（第 12 卷），石家庄：河北人民出版社，1998 年，第 10755 页。

② （清）葛元煦：《光绪四年啸园本〈輶轩语〉跋》，载苑书义、孙华峰、李秉新编《张之洞全集》（第 12 卷），石家庄：河北人民出版社，1998 年，第 10755 页。

③ 初载《实报》（北平）1939 年 3 月 31 日，署名"药堂"。今据钟叔河编订：《周作人散文全集》（第 8 卷），桂林：广西师范大学出版社，2009 年，第 170 页。

径书，回答的是“怎样读”的问题；那么，《书目答问》则是对择书的指导，即“读什么”的问题；倘若将张氏的《劝学篇》一并纳入考察，则又在官方话语的引导下解答了“为什么读”的问题。统观三本书，从中不仅可以窥见张氏系统的治学主张，也可以得览帝制时代、科举时代中读书人的求学问仕生涯。

纵观梁启超一生的读书、学习与写作，不难看出张之洞《辅轩语》及《书目答问》二书的影响，张氏《书目答问》中所提倡的治学方法，也潜在影响着梁启超后来的治史论学以及学术坚守。

（二）阅读史的代际共名与移异

12 岁左右，梁氏仍旧读了一些与此前类似的书，大抵都有关传统学问。广州科考的小有成就，使他对于“帖括”等科考文章颇有兴趣，“日治帖括”。虽然他对这仅有的学习内容感到“不慊”，但在那一时代固有的学习模式和知识体系之中，他也感慨“然不知天地间于帖括外，更有所谓学也”①。所以，求知欲颇深的梁启超，便整日埋头钻研，反而喜欢上了词章。

当然，科举应试之外，这一时期他也读了一些其他的书。祖父和他的父母时常用唐人的诗句来教授他，这让他觉得唐

① 梁启超：《三十自述》，载《梁启超全集》（第 4 集），第 108 页。

诗有过于八股制艺之文。家贫无书可读，仅有《史记》和《纲鉴易知录》两书，甚至在30岁时，梁启超仍表示“至今《史记》之文能成诵者八九”①。父执们很喜欢这个聪慧又勤奋的孩子，赠送给他《汉书》《古文辞类纂》，使他欣喜若狂，读之卒业。林语堂认为：“读一部历史教科书，不如读《史记》。”② 沈从文也曾借助《史记》和《圣经》学习白话文的写作：“初到北京时，对于标点符号的使用，我还不熟习。身边唯一师傅是一部‘史记’，随后不久又才偶然得到一本破旧‘圣经’。”③

《纲鉴易知录》为清代学者吴乘权所编文史读物，编辑年限起于三皇下至明季。书中将重大历史事件称为“纲”，对历史事件的简要分析则称为“目”，以此方便读者识记历史典故。要论清代畅销书作者，当无人出吴楚材其右，《古文观止》与《纲鉴易知录》皆是畅销百年的经典。章太炎（1869—1936）曾在对留日学生所作之演说中警醒只知其一不知其二、迷信前人和外学的治学弊端，“且看中国历史一项，一部《纲鉴易知录》，向来中国略读书的人，是看得最浅陋的”④。太炎先生的学生二周都曾受祖父影响而阅读过

---

① 梁启超：《三十自述》，载《梁启超全集》（第4集），第108页。

② 汤宜庄：《谈读书之乐》，载《林语堂名著全集》（第16卷），长春：东北师范大学出版社，1994年，第121页。

③ 沈从文：《选集题记》，载《沈从文小说选集》，北京：人民文学出版社，1957年，第1页。

④ 章太炎：《章太炎的白话文》（2版），陈平原选编，贵阳：贵州教育出版社，2014年，第50页。

《纲鉴易知录》，但评价态度却大相径庭：周作人（1885—1967）的评价偏向积极①，而鲁迅（1881—1936）对其则是深恶痛绝，称为劣书②。

出版家张元济（1867—1959）曾在光绪二十九年（1903）序《高等小学中国历史教科书》中回忆自己购读《纲鉴易知录》的经历：

> 吾犹忆十三、四岁时，心界、眼界无一非三代以上景象，视世间事相去不知几千万里。偶得《纲鉴易知录》读之，乃知战国之后尚有谓曰秦、曰汉、曰三国、曰晋、曰南北朝、曰隋、曰唐、曰五代、曰宋、曰元、

---

① 周作人在文中多次提及《纲鉴易知录》。参见《五十年前之杭州府狱》，载《知堂乙酉文编》，北京：北京十月文艺出版社，2013 年，第 90 页；《藏书》，载《鲁迅的故家》，北京：北京十月文艺出版社，2013 年，第 110—111 页；《杭州》，载《知堂回想录》（上），北京：北京十月文艺出版社，2013 年，第 48 页；《绿洲·儿童的书》，载《自己的园地》，北京：北京十月文艺出版社，2011 年，第 129 页；《重刊袁中郎集序》，载《苦茶随笔》，北京：北京十月文艺出版社，2011 年，第 67—68 页；《十堂笔谈·五·国史》，载《立春以前》，北京：北京十月文艺出版社，2012 年，第 148 页；《我学国文的经验》，载《谈虎集》，北京：北京十月文艺出版社，2011 年，第 280 页；《关于命运》，载《苦茶随笔》，北京：北京十月文艺出版社，2011 年，第 123 页；《问星处的豫言》，载《谈虎集》，北京：北京十月文艺出版社，2011 年，第 103 页；《南北》，载《谈虎集》，北京：北京十月文艺出版社，2011 年，第 144 页。直至 16 岁时，周作人仍偶尔翻录《纲鉴易知录》，参周作人 1901 年三月初八、十五两日日记。参见周作人：《周作人日记》（影印本·上），郑州：大象出版社，1996 年，第 218 页、221—222 页。

② 鲁迅在答增田涉问时说："綱鑑は略書名らしい。明に《綱鑑正史約》（顧錫疇纂）あり、又《綱鑑易知録》（吴乘権等輯）あり、皆鄙陋の本だけれども（"均为劣作"——笔者注）、大抵後者だろうと思ふ。後者は割合に流行したものだから。"参见《鲁迅全集》（第 14 卷），第 546 页。

曰明，乃至于我大清者。[①]

张元济十三四岁时读书的“打开”与“点燃”，多少与后来的梁启超有些相似。处于古今中西之间的读书人，正是通过各种书打开了一个全新的世界，在与“他者”的对照中重新认识了自己，也重新理解了何谓“中国”。历史学家吕思勉（1884—1957）幼时在父亲的指导下，从头至尾点读完了《纲鉴易知录》，始对中国的历史有了一个大概的了解[②]。林语堂（1895—1976）六岁开始读“四书”、“五经”、古诗，《声律启蒙》《幼学琼林》《史记》和《纲鉴易知录》亦是其启蒙读物[③]。胡适（1891—1962）少时也曾读《纲鉴易知录》作为治史的启蒙，声称其为他研究中国史的第一步[④]。当然，后来他又将《纲鉴易知录》《古文辞类纂》等书和

① 涉园主人（张元济）：《〈中国历史教科书〉序》，载《高等小学中国历史教科书》（上册），上海：商务印书馆，1903 年，第 1—2 页。需要注意的是，此处序名与书名不一致，系原文如此。

② 吕思勉：《学习历史之经过》，载文明国编《吕思勉自述》，合肥：安徽文艺出版社，2013 年，第 24 页。

③ 林语堂：《八十自叙》，载《林语堂名著全集》（第 10 卷），长春：东北师范大学出版社，1994 年，第 269 页。

④ 胡适：《四十自述》（第一册），上海：亚东图书馆，1933 年，第 74 页。

《三国演义》作比较，“刷新”了自己的旧有评判[①]。

曹聚仁（1900—1972）四岁时，读到《纲鉴易知录》《近思录》等，感慨：“那时候，读经的人并不算少，仍……终于做胜朝的遗民。”[②] 孙犁（1913—2002）通读过《纲鉴易知录》，并向友人推荐它：“读古文，可以和读历史相结合。……可买一部《纲鉴易知录》，……文字很好。”[③] 张爱玲（1920—1995）在散文《谈看书》中亦曾忆及：“小时候老师圈读《纲鉴易知录》，《纲鉴》只从周朝写起，我就很不满。学生时代在港大看到考古学的图片，才发现了史前。”[④]

相比较而言，后来专门治史的顾颉刚（1893—1980）更多了一些批判意识，生性桀骜不驯的他幼年时读书即有自己的主见。约 11 岁时，初读《纲鉴易知录》便自立义法，加上许多圈点和批评：

---

① “然而《三国演义》究竟是一部绝好的通俗历史。在几千年的通俗教育史上，没有一部书比得上他的魔力。五百年来，无数的失学国民从这部书里得着了无数的常识与智慧，从这部书里学会了看书写信作文的技能，从这部书里学得了做人与应世的本领。他们不求高超的见解，也不求文学的技能；他们只求一部趣味浓厚，看了使人不肯放手的教科书。《四书五经》不能满足这个要求，《二十四史》与《通鉴》、《纲鉴》也不能满足这个要求，《古文观止》与《古文辞类纂》也不能满足这个要求。”胡适：《〈三国志演义〉序》，载季羡林主编《胡适全集》（第 2 卷），合肥：安徽教育出版社，2003 年，第 775 页。下文所引胡适文字，如无说明，皆从此版本，仅注明题名、卷数及页码。

② 曹聚仁：《我的读书经验》，载《书林新话》（修订版），北京：生活·读书·新知三联书店，2010 年，第 3 页。

③ 孙犁：《澹定集·与友人论学习古文》，载《孙犁全集》（第 6 卷），北京：人民文学出版社，2004 年，第 60 页。

④ 张爱玲：《谈看书》，载《惘然记》，台北：皇冠文化出版有限公司，2021 年，第 42 页。

> 我最厌恶《纲目》的地方，就是它的势利。……我对于这种不公平的记载非常痛恨，要用我自己的意见把它改了。可惜我读的一部《易知录》是石印小字本，上边写不多字，只得写上小纸，夹在书里。①

顾颉刚对史家的见解有着独特的追求，因而对通史中“千篇一律”“彼此抄袭”的现象多有诟病。这种追求其实亦是时代阅读风习的显现。要之，处于过渡时代的读书人早已不满足于被动地接受既定的知识，而是有了批判阅读的自觉。

清季以降，由于科举制度的“指挥棒”作用，读书人对史书兴趣寡淡，因此，他们对中国历史一无所知，更遑论世界大势了。美国传教士狄考文（Calvin Wilson Mateer，1836—1908）就曾指出科举制度下的读书人“虽有《纲鉴》、《史记》、诸子百家，可以益智，览者以为非命题之书，鲜有博习而兼通者”②。由此观之，阅读《纲鉴易知录》在有清一代，亦算是“别择”与“杂览”了。由于不同读者（同时代）的学习背景以及时代阅读风习的递嬗（跨代际），梁启超幼年“欣然读之”的书，到了胡适、顾颉刚的时代，已经

① 顾颉刚：《古史辨第一册自序》，载《顾颉刚全集》（第1册），北京：中华书局，2010年，第7页。

② ［美］狄考文：《振兴学校论·考试》，《万国公报》第14年第655卷，1881年9月10日。

被“去经典化”[1] 了。

值得特别注意的是，《古文辞类纂》恰恰是后来梁启超自谓“夙不喜”[2] 的桐城古文之列，此时却是他孜孜以求的“学问”。十三岁（1885 年），就学于广州吕拔湖先生，“始知有段、王训诂之学，大好之，渐有弃帖括之志”[3]。十四岁（1886 年），又学于佛山书院陈梅坪先生。十五岁（1887 年），进入学海堂学习，先后就学于陈石樵、石星巢等先生。学海堂以训诂、词章等“朴学”知识教授学童，使梁启超眼界大开，舍帖括而从事于此，“不知天地间于训诂词章之外，更有所谓学也”[4]。这一阶段的他所接触的大多还是“域内”的书和知识，想要开阔眼界，就不得不向外拓展。

二、《瀛环志略》带来的“震惊”

近代以来，受局势变迁、内忧外患之影响，开明士大夫逐渐“开眼看世界”，林则徐被誉为“开眼看世界的第一人”。突破传统学术观念，了解域外世界，进而挽救危亡，成为一些读书人的心之所向。这方面，林则徐所著《四洲

---

① 关于这一点，可进一步参阅罗志田：《清季民初经学的边缘化与史学的走向中心》，载《权势转移：近代中国的思想、社会与学术》，武汉：湖北人民出版社，1999 年，第 302—341 页。

② 《清代学术概论·二十五》云：“启超夙不喜桐城派古文，幼年为文，学晚汉、魏、晋，颇尚矜炼。”参见《梁启超全集》（第 10 集），第 278 页。

③ 梁启超：《三十自述》，载《梁启超全集》（第 4 集），第 108 页。

④ 梁启超：《三十自述》，载《梁启超全集》（第 4 集），第 108 页。

志》、魏源扩充撰写的《海国图志》、徐继畬的《瀛环志略》以及姚莹的《康辖纪行》可以说是先驱。徐继畬《瀛环志略》一书撰于福建巡抚任上，是近代关注世界史地的一部重要著作，对于了解域外诸国的地理风貌、风土人情乃至政治制度都有着历史性意义。

光绪十六年（1890），18岁的梁启超和父亲一起入京参加会试落第，途经上海时，从坊间购得了《瀛环志略》，“始知有五大洲各国”；又看到上海制造局译出的若干种西书，心好之，但“以无力不能购也”①。

前述张之洞《书目答问》即专辟“地理”一节，其中《瀛环志略》乃“外纪之属”，同类书有《宣和奉使高丽图经》《高丽国史》《琉球国志略》《越史略》《从征缅甸日记》《日本考略》《异域录》《北徼汇编》《海国闻见录附图》《海录》《职方外纪》《坤舆图说》《地球图说》《海国图志定本》《新译地理备考》《新译海道图说》等②，其影响可见一斑。这些书后来亦影响了梁启超等人的翻译实践③。1852年扩充至百卷的《海国图志》内置80幅世界各国地图，新增《释

---

① 梁启超：《三十自述》，载《梁启超全集》（第4集），第108页。

② 赵德馨主编：《张之洞全集》（第12卷），吴剑杰、周秀鸾等点校，武汉：武汉出版社，2008年，第255—256页。需要注意的是，此版本写作“瀛寰志略”。

③ 如沈兆祎还评价日本东京社出版的重野安绎著《万国史纲目》：“其书全用汉文，所用人名地名，亦依《瀛寰志略》等旧籍。所常用者，盖专为中国人而著也。”见国学导师梁任公（梁启超）：《饮冰室集》（第4册），上海：上海中央书店，1935年，第59页；另见沈兆祎：《新学书目提要》，载熊月之主编《晚清新学书目提要》，上海：上海书店出版社，2007年，第452页。

五大洲》及《释昆仑》两篇，目的是论证中国乃世界之中心。归根结底，仍是《春秋》华夷一统观念的余续。

《瀛环志略》初稿名《瀛环考略》，其中还充斥着较为强烈的“夷夏”观念，仅“英吉利”一节2429字中就有21个“夷”字；到了1848年初版《瀛环志略》（“戊申本”）中，扩充至7620字，“夷”字已全被替换成中性词语[①]。初版问世后，并未引起什么反应，无论是官方抑或知识界都对其反应冷淡。鸦片战争的失败及其后近代史上第一个不平等条约《南京条约》的签订，使举国上下忌谈西方，徐书却对英美等国作了客观的肯定，故而影响一直有限。“墙里开花墙外香”，邻国日本将其誉为“通知世界之南针”，自1859年起就不断翻刻、重印。明治时期的冈千仞（1833—1914）在《尊攘纪事》中即说：

> ……余少时读新井氏《采览异言》、箕作氏《坤舆图识》、杉田氏《地学正宗》，略知五洲之大势，及得《地理全志》、《海国图志》、《瀛环志略》，愈审其大势，慨然曰：“彼所以致富强者，由泛通有无贸易耳。”[②]

---

① 参见任复兴：《晚清士大夫对华夷观念的突破与近代爱国主义》，《社会科学战线》1992年第3期。

② ［日］冈千仞：《尊攘纪事》，转引自张寿安主编《晚清民初的知识转型与知识传播》，北京：北京师范大学出版社，2018年，第135页。

在《瀛环志略》之前，《海国图志》已经成为中日“知识仓库”中的“共同知识文本”。日本作家井上靖在《日本现代史》中认为即使说幕府末期日本士人起了革新的思想，更新了地理知识，其契机是读了中国的《海国图志》，也并非过甚之辞①。中国学者钱基博也说：“日本之平象山、吉田松阴、西乡隆盛辈，无不得《海国图志》读之而愤焉悱焉，攘臂而起，遂以成明治尊攘维新之大业，则源有以发其机也。”② 基于此，《瀛环志略》再次受到日本的欢迎亦在情理之中。正如黄遵宪（1848—1905）所感慨的那样：“以余观日本士夫，类能读中国之书，考中国之事；而中国士夫，好谈古义，足己自封，于外事不屑措意。”③ 直到洋务运动兴起，徐继畬管理同文馆事务，总理衙门方于1866年重刻《瀛环志略》，并将其列为教科书。

康有为17岁（同治十三年，1874年）时，好为“纵横之文”，涉猎群书，阅读了《瀛环志略》《地球图》后乃“知万国之故，地球之理”④。22岁（光绪五年，1879年）时，他游览香港，“乃始知西人治国有法度，不得以古旧之

① 殷俊玲：《徐继畬和他的〈瀛寰志略〉》，太原：山西人民出版社，2001年，第25页。

② 钱基博：《近百年湖南学风　骈文通义》，上海：上海古籍出版社，2012年，第15页。

③ （清）黄遵宪：《日本国志》（上），李绍平点校，长沙：岳麓书社，2016年，第5页。

④ 康有为：《康南海自编年谱（外二种）》，楼宇烈整理，北京：中华书局，1992年，第6页。

夷狄视之。乃复阅《海国图志》《瀛寰志略》等书，购地球图，渐收西学之书，为讲西学之基矣”[1]。类比之，《瀛环志略》所带给梁启超的也许并不只是“始知有五大洲各国”的“知识”更新，正如其后来所追述的那样，也许还有“中外强弱之迹”[2] 的“震惊”体验。梁氏晚年著《中国近三百年学术史》对此有深刻论述：

> 徐书本自美人雅裨理，又随时晤泰西人辄探访，阅五年数十易稿而成，纯叙地理，视魏书体裁较整。此两书在今日诚为刍狗，然中国士大夫之稍有世界地理智识，实自此始。[3]

也正是因为《瀛环志略》对于增长智识的意义，后来梁氏受命撰写《读书分月课程》时（1894 年冬），感慨于海禁大开、万国比邻，而学者不知外国之事的“局势”，遂将《瀛环志略》列为西学必读书目之第二种[4]。翻开《瀛环志略》

---

① 康有为：《康南海自编年谱（外二种）》，楼宇烈整理，北京：中华书局，1992 年，第 9—10 页。原书“环”与“寰”混用，此处写作“瀛寰志略”。

② 梁启超：《〈适可斋记言记行〉序》，载《梁启超全集》（第 1 集），第 119 页。

③ 梁启超：《中国近三百年学术史·清代学者整理旧学之总成绩·地理学》，载《梁启超全集》（第 12 集），第 587 页。

④ 对于阅读西书的次序，梁启超认为：“读西书，先读《万国史记》以知其沿革，次读《瀛环志略》以审其形势，读《列国岁计政要》以知其富强之原，读《西国近事汇编》以知其近日之局。至于格致各艺，自有专门，此为初学说法，不琐及矣。”梁启超：《读书分月课程》，载《梁启超全集》（第 1 集），第 13 页、17 页。

一书，首先介绍的是“地球”，并配以《圆全图》（地球俯视图）和《地球平》（侧视图）二图。按照原先的计划，其次是介绍“亚细亚”（有《亚细亚图》），接下来则是“中国”（有《皇清一统舆地图》）。由此，带给帝国晚期读书人的“震惊”则是“中国”不“中”，“中国”亦只是“世界”之“一国”，这使得原有的知识体系受到冲击而面临坍塌的风险。作为读书人中间的一员，梁启超亦在调整着自己原有的认知结构，其影响广泛的“三个中国”① 说，最初的启发或源于此。

正如后来傅斯年所说：“中国人从发明世界以后，这觉悟是一串的。第一层是国力的觉悟；第二层是政治的觉悟；现在是文化的觉悟；将来是社会的觉悟。”② 梁氏“三个中国”的划分自然有一种后设式的追认，而其背后所显现的是过渡时代读书人的集体焦虑。想要确证自身所处的位置，则必须将其放置在一定的关系之中，找寻一个可以参照的目标。因而，“走向世界”③ 是过渡时代读书人的集体追求，这种追求，直到今天也并未消解。在这期间，建立自信与消解紧张

① “第一上世史，自黄帝以迄秦之一统。是为中国之中国，即中国民族自发达、自竞争、自团结之时代也；第二中世史，自秦一统后至清代乾隆之末年。是为亚洲之中国，即中国民族与亚洲各民族交涉繁赜、竞争最烈之时代也；第三近世史，自乾隆末年以至于今日。是为世界之中国，即中国民族合同亚洲民族，与西人交涉竞争之时代也。”梁启超：《中国史叙论·时代之区分》，载《梁启超全集》（第2集），第319—320页。

② 傅斯年：《时代与曙光与危机》，载欧阳哲生主编《傅斯年全集》（第1卷），长沙：湖南教育出版社，2003年，第349页。

③ 钟叔河主编有“走向世界丛书”。

感就成了一代代读书人汲汲以求的目标。

虽然梁启超因无力购买西书而心有遗憾，但他后来的老师康有为却大购之。光绪七年（1881），进京赶考的康有为名落孙山，返乡途经上海，看到上海之繁盛，知西人治术有本，乃“大购西书以归讲求焉”[①]。据弟子张伯桢回忆，上海制造局所印西学新书，自同治甲子（1864）至光绪甲午（1894）的30年间，售出的不超过1.2万册，仅康南海一人“购以赠友及自读者，达三千余册，为该局售书总数四之一强”[②]。十一月还家后，更是“自是大讲西学，始尽释故见”[③]。也许，正是阅读兴趣与经历上的某种气息相投，使得梁启超服膺于康有为其人其说。

三、康有为及“长兴学说”系统的熏染

相较于《瀛环志略》带给梁启超的“震惊”，结交陈千秋，进而拜师康有为就学万木草堂，对于梁启超的影响则更加深远。《清代学术概论》有云：

---

① 康有为：《康南海自编年谱（外二种）》，楼宇烈整理，北京：中华书局，1992年，第11页。

② 张伯桢：《万木草堂始末记》，载陈汉才校注《长兴学记》，广州：广东高等教育出版社，1991年，第90页。

③ 康有为：《康南海自编年谱（外二种）》，楼宇烈整理，北京：中华书局，1992年，第11页。

> 呜呼！自吾之生而乾嘉学者已零落略尽。然十三岁肄业于广州之学海堂，堂则前总督阮元所创，以朴学教于吾乡者也，其规模矩矱，一循百年之旧。十六七岁游京师，亦获交当时耆宿数人，守先辈遗风不替者。中间涉览诸大师著述，参以所闻见，盖当时“学者”社会之状况，可仿佛一二焉。①

按照本书对梁启超读书、问学的阶段划分，在上一阶段末尾的“学海堂时期”，梁氏所接受的学问，就处于汉、宋学的浙、粤递嬗之中②。到了万木草堂时期，亦不仅是梁氏个人知识结构的转型，亦是整个时代“文学”（此处指广义的一切学术）风气的转折。

光绪十四年（1888），16 岁的梁启超入学海堂为正班生。该年十月，30 岁的康有为（1858—1927）以布衣的身份第一次上书清帝，请求变法，但并未被接纳。在陈千秋的带领下，陈、梁二人拜师康有为。康氏以略带表演性质、激情澎湃而又大海潮音、狮子吼般的气势对梁氏自得的“学问”一一驳诘，带给他相当的“震惊”，以往所有的知识体系似乎都失去了效用。在十分矛盾的情感体验中，康氏近乎“癫狂”的

① 梁启超：《清代学术概论·十七》，载《梁启超全集》（第 10 集），第 259 页。

② 参见於梅舫：《学海堂与汉宋学之浙粤递嬗》，北京：社会科学文献出版社，2016 年。

阐述带给他无尽的“知识更新”。八月就学有为之门，后来他追述“生平知有学，自兹始”①。

康氏何以能让梁启超如此折服呢？有必要简要追溯一下他的学问渊源，即万木草堂之前，他的“读书”与“治学”。戊戌政变后流亡欧洲的康氏对自己的出生有一番“夫子自道”：

> 英帝印度之岁，南海康有为以生，在意王统一之前三年，德、法战之前十二年也，所遇何时哉？汽船也，汽车也，电线也，之三者，缩大地、促交通之神具也。……汇百千万亿之泉流而成江河湖海，……大饕餮而吸饮焉！②

这种“天命”意识，似乎从他幼年时便开始显现。据康氏《我史》记载，他四岁“已有知识”，伯父抱着他观看洋人镜画；五岁时，能背诵数百首唐诗；六岁时随先生学习《大学》《中庸》《论语》以及《孝经》等传统典籍；八岁学经、为文，并能背诵许多诗文；九岁，习“诗文”“道义”，知识日开；十岁，习《易》《礼》，诵经毕，学为文；到了十一

① 梁启超：《三十自述》，载《梁启超全集》（第4集），第108页。

② 康有为：《欧洲十一国游记序》，载《康有为全集》（第7集），北京：中国人民大学出版社，2007年，第344页。下引康有为文字，如无说明，皆从此版本，仅注明题名、卷数及页码。

岁，祖父以儒家高义、文学条理摩导之，并开始阅读《纲鉴》以知古今，《大清会典》《东华录》而知掌故，继而读《明史》《三国志》，“诗文皆成篇”①。

康有为的人生转折亦与科举不第有关。1876 年，19 岁的康有为在广州乡试中落榜，这自然与他不喜八股有关。相较于无聊且枯燥的应试八股，他更喜欢杂览说部、集部和杂史，对于袁子才的性灵文字，亦极力模仿。因而，对于应试制艺“名为学文，绝不一作”②。激愤之余，他对自己之前的“杂览”作出反思，“惟凭好学而妄行，东捋西扯”，故而知识结构和体系上“见闻杂博，而无师承门径”③。选择拜师朱次琦是其人生的重要转折。

朱次琦（1820—1881）为道光年间进士，曾任山西襄陵知县，后辞而不就归乡，于九江镇筑礼尚草堂，办学授徒，世称“九江先生”。朱氏反对空研性理，注重“济人经世”，于史学多有研究，对于清代学术的偏至亦有自己的见解。梁启超《南海康先生传》认为，朱次琦治学根柢在于宋明理学，但以程朱为主，间采陆王，“而以经世致用为主，研究中国史学历代政治沿革得失，最有心得，著书甚丰”④。于

① 康有为：《我史》，姜义华、张荣华编校，北京：中国人民大学出版社，2011 年，第 4—6 页。

② 康有为：《康南海自编年谱（外二种）》，楼宇烈整理，北京：中华书局，1992 年，第 6 页。

③ 陆乃翔、陆敦骙等：《南海先生传》（上编），载《康有为全集》（第 12 集），第 442 页。

④ 梁启超：《南海康先生传》，载《梁启超全集》（第 2 集），第 361 页。

此，朱氏将“道问学”与“尊德性”相结合，一面走“道问学”的路子，读书，格物，致知，另一方面，亦兼顾“尊德性”，治心明道，即“读书以明理，明理以处世，先以自治其身心，随而应天下国家之用”[①]。由此理念，则不难理解朱氏授徒讲究“四行五学”，实乃修身与读书并举。所谓“四行”，即敦行孝弟、崇尚名节、变化气质、检摄威仪，大抵可视为儒家的德育，多指向修身，此正与有为之“长素”合（《礼记·中庸》：“君子素其位而行。”）；“五学”即五种学问，分别是经学、史学、掌故之学、性理之学和词章之学。要之，朱氏治学讲究融合汉、宋，培养通才。

由此，朱九江讲究的是“经谊治事”“学以名儒”，“分斋”“分门”则走向歧路。相较于陈东塾（陈澧）的“融朱子于康成”，九江则是“纳康成于朱子”，故而教学讲究“四行五学”[②]。朱氏的威仪严肃、博闻强记以及澎湃激情给康有为留下了深刻的印象，对比国朝二百年来的大贤巨儒，黄梨洲与王船山都有所偏至，或许只有顾炎武才能够差堪比拟，“平实敦大”。于是乎，“决以圣人为可学，而尽弃俗学，自此始也”[③]。康氏的追述，在对业师传道授业解惑的感恩之余，难免给人以借之为自己张本的嫌疑。综观后来万木草堂

① 简朝亮编：《清朱九江先生次琦年谱》，台北：台湾商务印书馆股份有限公司，1978 年，第 57 页。

② 钱穆：《中国近三百年学术史（1636—1912）》，新北：台湾商务印书馆股份有限公司，2019 年，第 505 页。

③ 康有为：《朱九江先生佚文叙》，载《康有为全集》（第 9 集），第 8 页。

的规制，处处可见承袭礼山草堂的影子，亦可见有为之服膺于九江之深了。

朱九江精于古文，但在取法上别具一格，不取“桐城”，但宗秦汉。因之，康有为亦从读周秦诸子，但阅读先秦诸子之后，康氏之治学兴趣、学术观点与九江渐行渐远。比如，朱九江尊崇韩愈，但康有为此时却觉得韩之为文“工于抑扬演灏，但能言尔，于道无与，即《原道》亦极肤浅，而浪有大名。千年来文家颉颃作气自负，实无有知道者”①。由此，二者学问、气质分为两端。若用前文所言之朱（理学家）、陆（心学家）二派之“尊德性”与“道问学”的读书、教育方法相关联，朱九江学说以程朱为主，注重读书以穷理（即“道问学”），康有为则独好陆王心学，“直捷明诚，活泼有用”②，重主观阐释与修身实践（即“尊德性”）。

有了上述背景，再来看康氏之长兴讲学及梁启超此一时期的读书、问学乃至作文，就豁然开朗了。钱穆认为：“言近三百年学术者，必以长素为殿军，而长素学术生命可记者，则始于其长兴之讲学。”③ 对于“长兴学说”的系统，梁启超《南海康先生传》中曾有图示，由图可知，万木草堂的学问体系“上法三代”“旁采西例”。分为学纲、学科、科外学科

① 康有为：《康南海自编年谱（外二种）》，楼宇烈整理，北京：中华书局，1992 年，第 8 页。

② 梁启超：《南海康先生传》，载《梁启超全集》（第 2 集），第 362 页。

③ 钱穆：《中国近三百年学术史（1636—1912）》，新北：台湾商务印书馆股份有限公司，2019 年，第 501 页。

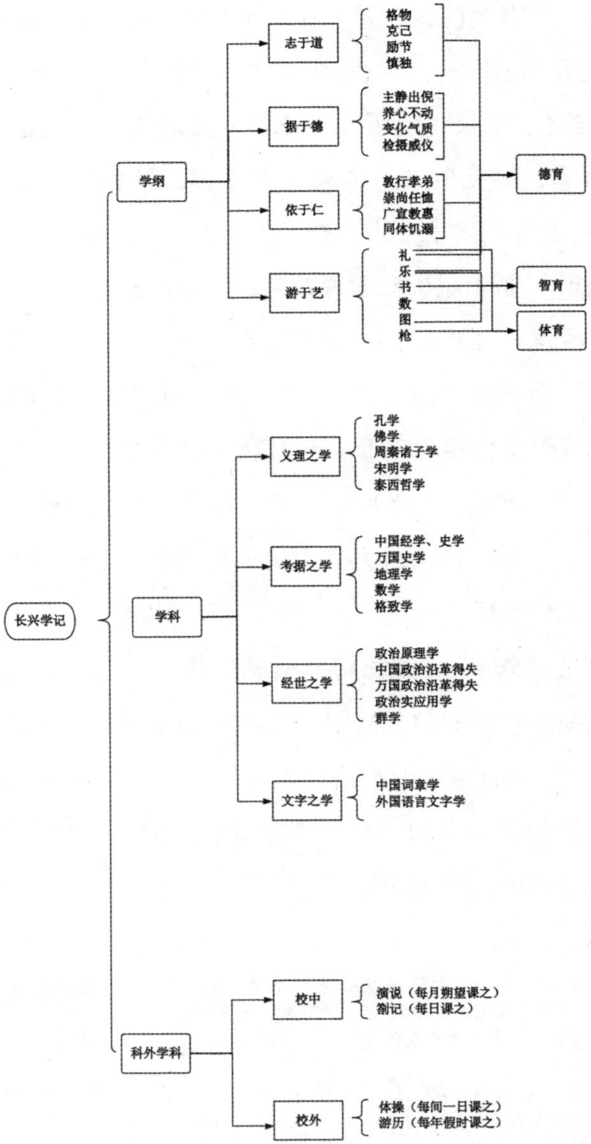

图1－3－1　梁启超绘康有为“长兴学说”系统表

三大部分，各大门类之下又有着细致的小类划分。试与此前的书院教育相比较，“或空谈讲学，或溺志词章”[1]，学风日下，“至本朝而极，而距今十年前，又末流之末流也。学者一无所志，一无所知，惟利禄之是慕，惟帖括之是学”[2]。“学纲”之中的“志于道，据于德，依于仁，游于艺”（《论语·述而》）虽不脱儒家学说范畴，“孔子言论至多，以《论语》为可尊；《论语》之义理至广，以‘志于道，据于德，依于仁，游于艺’四言为至该”[3]，但经康氏加以阐释后，已经注入了新的内容。对于“志于道”，康氏援引孔子《系辞》强调格物、厉节、辨惑和慎独四项内容，是对儒家认识论与道德观的总括。钱穆认为其“主人生实行，不主训诂考订，与乾、嘉以来风尚绝异”[4]。“据于德”大抵是关注道德修养，即儒家之“修身”，康氏将之概括为主静出倪、养心不动、变化气质和检摄威仪，从中不难看出心学和朱次琦的影响。“依于仁”中的四条则是儒家对于人我关系的进一步阐释，主要依据的是儒家的“仁义”观念，进而“入世”心怀天下，宣传教化，修己爱人。

---

① 胡聘之等：《请变通书院章程折》，载舒新城编《中国近代教育史资料》（上册），北京：人民教育出版社，1981 年，第 70 页。

② 梁启超：《清代学术概论·二》，载《梁启超全集》（第 2 集），第 364 页。

③ 康有为：《长兴学记》，陈汉才校注，广州：广东高等教育出版社，1991 年，第 13 页。

④ 钱穆：《中国近三百年学术史（1636—1912）》，新北：台湾商务印书馆股份有限公司，2019 年，第 502 页。

在康有为的体系里，“游于艺”大抵指涉梁启超“趣造之表”中的“智育”与“体育”二端，分为义理之学、经世之学、考据之学、词章之学四目[①]，其中义理、考据与词章三目沿袭了桐城派的某些主张，而“经世”一目亦渊源有自。私淑姚鼐、主张“天下文章，其在桐城”的中兴名臣曾国藩就曾在桐城派的三要素中增补“经济”（经世济用）这一要素，并编纂《经史百家杂钞》，以补正姚氏《古文辞类纂》之不足。曾氏欲以桐城文中兴者自任，增强“文”之关注现实世务的“及物性”，拓宽了桐城派“文”的精神视野[②]。但基于曾文正公的身份地位，其所注重的仍然是“义理”一目，维护的是被清朝统治者尊奉为国家意识形态的儒学道统及相应的纲常伦理体系，相比之下，康氏更加注重的则是“经世致用”了。

康有为承接自朱次琦的种种学问潜移默化地影响着梁启超，他后来有所追述：

---

① 此处的论述依据的是康氏弟子《长兴学记》的记录稿，而并非梁启超“趣造之表”。参见康有为：《长兴学记》，陈汉才校注，广州：广东高等教育出版社，1991 年，第 32—43 页。梁启超所作的表有着自己的再加工，体现的是近代以来“科学”（分科之学）的某些侧面。经由“口说”（记录稿）乃至“文字”（书面稿），必然发生一些主观能动性的“创造”。相比于“文字”，“口说”或许更加符合康氏论说的原生形态，亦符合“今文经学”重“口说”的传统。

② 对于这一点，李振声有更加细致的论述，参见李振声：《晚期桐城“文”的“旧”中之“新”——吴汝纶、严复对“文”的突破性理解》，载《重溯新文学精神之源：中国新文学建构中的晚清思想学术因素》，上海：上海人民出版社，2020 年，第 33 页。

> 有为、启超皆抱启蒙期“致用”的观念，借经术以文饰其政论，颇失“为经学而治经学”之本意，故其业不昌，而转成为欧西思想输入之导引。[①]

注重经世致用，讲究人生实行，影响着梁启超的方方面面。这其中，自然也包括对文体通俗实用的一些启发，而康有为授课时激情澎湃的状态，亦不能不让我们联系到梁氏富含情感的文章。

小　结

梁启超幼年时期的文章，现今的文献已难征考。前文所引《登塔》诗及联语或可一窥梁氏幼年的才学以及强烈的求知欲望。本章所涉时段内，与梁氏走上历史舞台的时间相对应，此时期他的代表作为《变法通议》系列文章，因为发表在其主持的《时务报》上，故而被时人称为“时务文章”。

不应忘记，在老师康有为的安排下，梁氏曾经出任过传教士李提摩太的中文秘书。他们创办的中文报纸《万国公报》（后更名《中外纪闻》）早期亦多“转载”或者是改写李提摩太同名报纸上的文章。这样，当我们看到杨世骥说最

---

① 梁启超：《清代学术概论》，载《梁启超全集》（第10集），第219页。

早写作这种“时务的文章”[①] 的是几个传教士时，也就不感到惊讶了。

这时梁启超已经注意到小说的启蒙功用，在《变法通议·论幼学》中将“说部书”作为儿童启蒙读物的一部分，并倡议用“俚语”广著群书，“上之可以借阐圣教，下之可以杂述史事，近之可以激发国耻，远之可以旁及夷情”[②]。拜师康有为之后，他自己也在进行着相关的教育实践，并宣传自己的“文学”主张，当然这其中不能说没有康氏的影响。《湖南时务学堂学约十章》集中表达了他此时的文章观：

> 学者以觉天下为任，则文未能舍弃也。传世之文，或务渊懿古茂，或务沉博绝丽，或务瑰奇奥诡，无之不可。觉世之文，则辞达而已矣，当以条理细备，词笔锐达为上，不必求工也。[③]

在风雨飘摇的时代，与“传世文章”相对应，梁氏追求的是逻辑清晰、笔锋锐利且“辞达”的“觉世之文”。可以说，这几乎奠定了他一生的文章底色。

---

① 杨世骥：《文苑谈往·第一集·英美三教士》，载胡全章编《杨世骥文存》，北京：中国大百科全书出版社，2015 年，第 12 页。

② 梁启超：《变法通议·论幼学》（1893 年），载《梁启超全集》（第 1 集），第 66 页。

③ 梁启超：《湖南时务学堂学约十章》（1897 年），载《梁启超全集》（第 1 集），第 297 页。

第二章

戊戌东渡觅新知

学生时代梁启超的读书、问学，更多是傅斯年所批判的“以人为单位”的“学问”。无论是幼时的家学、私塾，抑或后来就学的万木草堂，多的是“随人为转移”的特色。只有脱离本土，走向异域，才会发生较为彻底的转移，生发出“别择”来。

近代以来，“唤起支那四千年之大梦，实自甲午一役始也”①。国势颓危，败于蕞尔小国日本的沉痛记忆，挥之不去。对于梁启超而言，人生五十六个春秋并不算太长，但居日期间的十四年（1898—1912）无疑是一个重要的阶段。“新文体”的初创与使用，亦在这十四年间。

一、梁启超与日本的“相遇”

与同时代的许多知识分子一样，梁启超与日本的“相

① 梁启超：《戊戌政变记·附录一：改革起原》，载《梁启超全集》（第1集），第598页。

遇”，并非是在戊戌事变流亡日本方才开始的。在此之前，“日本”已是梁著中的关键词之一①。万木草堂时期，康有为让弟子常读吉田松阴（1830—1859）的《幽室文稿》，并表示“苟志气稍偶衰落，辄读此书，胜于暮鼓晨钟也”②。康有为讲授“万国政治沿革得失”的教材《日本变政记》及其编纂的《日本书目志》，亦是梁启超了解日本的窗口和媒介。《日本书目志》收录日本图书7744种，1898年春由上海大同译书局印行。“去国”前一年，梁氏曾撰写《读〈日本书目志〉后》，文末更是对译介日本图书发出了急迫的号召：“愿我君后读明治维新之书，借观于寇仇，而悚厉其新政，以保我二万万里之疆土。”③

此外，梁氏亦曾为黄遵宪的《日本国志》写过《后序》。

① 笔者以汤志钧、汤仁泽主编，中国人民大学出版社2018年出版的《梁启超全集》（第1集）为统计样本，囊括梁启超1889年前到1899年5月30日所有论著，仅“日本”一词就出现431次，这当然不包括其他与之意思相近，或与日本诸方面关联的词。在这一时间区域内，“日本”一词最早出现在《变法通议》系列文章中的《论不变法之害》一文中，梁氏感慨：“今夫日本幕府专政，诸藩力征，受俄、德、美大创，国几不国。自明治维新，改弦更张，不三十年，而夺我琉球，割我台湾也。”梁启超：《论不变法之害》，载《梁启超全集》（第1集），第23页。文章刊载于1896年8月19日出版的《时务报》，从中可以看到甲午战败所激发的变法图强的强烈吁求。《变法通议》中，大多数语段中“日本”是作为参照系“他者”而出现的，相较于日本的“变法图强”，中国则是“因循守旧”的。

② 《幽室文稿》的作者吉田松阴是日本德川幕府末期著名的阳明学者，梁启超读了吉田松阴的书后，对吉田、品川倾慕不已。梁启超：《上品川弥二郎子爵书》（1907年前），载《梁启超全集》（第19集），第668页。

③ 虽然这篇“后记”中大部分是康有为的文字，仅首段的绍介及末尾的号召出自梁启超之手，更多是为乃师宣传，但也算是梁启超对日本认识的一个媒介。梁启超：《读〈日本书目志〉后》（1897年11月15日），载《梁启超全集》（第1集），第284—287页。

《日本国志》是黄遵宪随使日本出任参赞后所著的一部详细介绍日本各方面的“百科全书”。虽然是书借“文学实践”进而推广其“政治实践”①，但亦有着取法邻国的“自觉”。他感慨于历史上契丹主熟知宋国之事，而宋人视其如隔十重云雾的历史镜鉴，进而感叹“日本士夫，类能读中国之书，考中国之事；而中国士夫，好谈古义，足己自封，于外事不屑措意”②。因而，故步自封是不可取的，不要说泰西，即使是一衣带水的邻国日本，也应当留心考察。黄氏的论调仍不出“知己知彼”与“师夷长技”的论域，毕竟是在“留心时务”的时代背景之中。

就在黄遵宪的《日本国志》定稿后的一年，康有为上书言事，曲突徙薪，防患未然，但是“不达而归”，想要结会翻译日本图书，最终又“力薄不能成也”③。由于长时间对邻国日本的“有意注意”，康氏深知在译介现代科学文化知识上借道日本的便利性。中日同文同种，相较于学习泰西文字“非七年不可”的繁难，学习日本文字、译介日本图书的优势不言而喻：

---

① 《〈日本国志〉自序》：“若为之僚属者，又不从事于采风问俗，何以副朝廷咨诹询谋之意。”由此来看，编纂《日本国志》似乎少了点儿“自觉”。参陈铮编：《黄遵宪全集》（下册），北京：中华书局，2005 年，第 819 页。

② （清）黄遵宪：《日本国志叙》，载陈铮编《黄遵宪全集》（下册），北京：中华书局，2005 年，第 819 页。

③ 康有为：《〈日本书目志〉自序》，载《康有为全集》（第 3 集），第 264 页。

> 且日本文字犹吾文字也，但稍杂空海之伊吕波文十之三耳。泰西诸学之书其精者，日人已略译之矣，吾因其成功而用之，是吾以泰西为牛，日本为农夫，而吾坐而食之。费不千万金，而要书毕集矣。使明敏士人习其文字，数月而通矣，于是尽译其书。①

黄遵宪《〈日本国志〉自序》（1887年）写作之后十年，接续老师康有为在《〈日本书目志〉自序》中的观点，梁启超为《日本国志》写了《后序》（1897年3月23日），他深感“乃今知日本，乃今知日本之所以强”②。当然，他也是沿着黄遵宪的思路，为的是经世与取法。

戊戌前后，张之洞就曾支持自强学堂翻译东书，为的是周知四方情状，考究“新理法”。虽此前多翻译西书，但翻译西书究竟不如翻译东书“易于真确”——“三十年日本国广译西书，而又暗切东方时事，洵属有裨实用”③，故而将“东文”典籍转译为“华文”，以资取鉴。张之洞此前主持编纂《洋务辑要》时，译书多取径西文，除受到日人的影响外，自然也少不了维新人士的鼓吹。通过张氏的公札，大略

① 康有为：《〈日本书目志〉自序》，载《康有为全集》（第3集），第264页。

② 梁启超：《〈日本国志〉后序》，载《梁启超全集》（第1集），第184页。

③ （清）张之洞：《札自强学堂日员来鄂并发合同（附单）》（光绪二十四年闰三月十六日），载《张之洞全集》（第5卷），石家庄：河北人民出版社，1998年，第3612页。

可以管窥其时士人阶层对于中日文字以及基于其上的“学问”（知识）之间的某种关联：由于中日“同文同种”，故而翻译东书“易于真确”；就变法维新自强的现实需要而言，翻译东籍又“暗切东方时事”。这种划分，有着建立某种“知识共同体”的现实需求和未来想象，对原有的知识体系进行着更新和拓展。此前所建构的“中学”“西学”两个途径之外，增加了第三者——“东学”这一新知识途径[①]。

对待翻译日文书，梁启超的态度前后亦有转折。1897年，梁启超集合同人在上海创办了大同译书局，并委托好友韩云台前往日本调研择取翻译的书，以便延请精通日语的人才帮助译介。在内容的选择上，大同译书局主张“以东文为主，而辅以西文，以政学为先，而次以艺学。至旧译希见之本，邦人新著之书，其有精言，悉在采纳，或编为丛刻，以便购读，或分卷单行，以广流传”[②]。但当康有为到桂林，与唐景崧、岑春煊组织发起圣学会并修书梁氏与之商讨在广西设学、译书、办报诸事的时候，梁启超在回信中的态度又迥然有别：

① 对此，王国维有独到论断，他称近世学术变迁为“道出于二”。《论政学疏稿》（1924年）：“自三代至于近世，道出于一而已。泰西通商以后，西学西政之书输入中国，于是修身齐家治国平天下之道乃出于二。”参见王国维：《论政学疏稿》（1924年），载谢维扬、房鑫亮主编《王国维全集》（第14卷），杭州：浙江教育出版社，2009年，第212页 。

② 梁启超：《大同译书局叙例》（1897年10月16日），载《梁启超全集》（第1集），第271页。

日本书同文几半，似易译于西文，然自顷中国通倭文者不过数人，皆有馆地领厚薪，安能就桂中之聘。然则其势必觅之于日本。日本维新三十年，读中国书者几绝，华人疑倭人通汉文甚易者，非也。倭人正以汉文之难通，故创伊吕波等以代之，伊吕波行，通汉文者希矣。其有一二则皆守旧之徒，视新学如仇敌，必不肯翻我欲翻之书，此是古城所述情形，如此故觅之于日本，亦不易也。……超自顷常劝此数处报馆，谓不必骛多备翻译之名，无宁多聘一二通英文者，多译英文之为得也。故译日本书之事，超不以为然，一也。①

康有为和梁启超都认识到其时日语文章体式上的特征，或者说语言结构组织上的一些规律，亦即文体风貌。他们所说的“伊吕波文”指的是日语中的假名，源自日本平安时代的《いろは歌》，汉字写作《伊吕波歌》。它充分地反映了平安时代假名的使用情况。整首歌包含47个假名：

いろはにほへと　ちりぬるを
わかよたれそ　　つねならむ
うゐのおくやま　けふこえて

① 梁启超：《上康有为书》（1897年4月4日），载《梁启超全集》（第19集），第171页。

あさきゆめみし ゑひもせす

加以必要的浊音符号和汉字，则是：

色は匂へど散りぬるを
我が世誰ぞ常ならむ
有為の奥山今日越えて
浅き夢見じ酔ひもせず

类似地，我们可以比照明代《韵略易通》里兰茂的《早梅诗》：“东风破早梅，向暖一枝开。冰雪无人见，春从天上来。”一首五言绝句便将明朝官话26个声母巧妙地连缀在了一起。日本方面于平安时代仿照汉语音韵学之反切法，子音为行，母音为列，以此归纳日本音节。又于室町时代受悉昙学（梵语音韵学）的影响，终在江户末、明治维新时期，逐步形成稳定的日语假名系统。

梁启超的分析，既考虑到“启蒙的政治”，自然也兼顾到了“启蒙的生意”。信中所说的“古城”指的是日籍汉学家古城贞吉（1866—1949），应黄遵宪之邀受聘于时务报馆，并主持《时务报》的“东文报译”栏目。从第3册到最后一册（第69册）中，有56册登载有东文译文。据有关学者统计，“东文报译”栏目的译文约略已经超过了《时务报》整体文本的三成；在“域外报译”中，古城贞吉翻译的东文也超过了三成[①]。检阅《时务报》，古城贞吉主持的这一栏目兼具广泛性与时代性，“东文报译”即时传递了五洲“时务”，更新了时人的知识体系。这自然包括“东学”，也包括经由日本所中转传播的“西学”。在语言的更新、文体的变革上，古城贞吉的译文亦有着不可磨灭的功劳。通过这一栏目，大量“和制”词汇被引进中国，促进了近代以来中文词汇、语言的更新。东文翻译的比例之高、对东文翻译人才的重视，从侧面也体现了以梁启超为代表的《时务报》诸人对于日本学术、思想文化的重视，而这种重视是以甲午战争以来的国族记忆作为背书的。

在“图强保种”的急迫需求下，翻译东文书更多是将日本作为“中转站”，译介引进新知识、新制度、新文化，以期进行政治变革。但“东学”终究还是以“西学”为究竟，有了这个大前提，无论是延请日籍翻译还是培养本国的日文人才，都没有直接地关注到语言变革乃至文体层面的革新，且因读翻译的书终究是“相隔一层纸”，直接的刺激并不明显。只有当戊戌事败流亡日本，亲自寓目大量日籍，梁启超“新文体”的更新才具有直接推动力。

① 陈一容:《古城贞吉与〈时务报〉“东文报译”论略》,《历史研究》2010 年第 1 期。

二、“汉文和读”的启示

早在公元3世纪（西晋时期）陈寿撰写的《三国志》中，就曾采用汉字“记音”的方式将日本女王国的国名记为“邪马台”，而日本女王则被称为“卑弥呼”。“邪马台”和“卑弥呼”即“大和”（やまと）和“ひみこ”的音译。这些译名或多或少受到传统“华夷”观念的影响，而少了一些“雅”。可见，在古代，至少在东亚文化圈内，汉字汉语及由文字所承载的文化观念，是向外输出型。比如日本，“文”及支撑“文”的“汉学”在日本的现代国家建构过程中所发挥的作用便不容忽视①。时间来到近代，特别是甲午战争以后，向日本学习，或者说将日本作为“中转站”，进而绍介西方的先进制度和科学技术，成为有识之士的吁求。

文字是思想语言之载体——文章的基本单位。因而，想要绍介东文书，首先要解决的是“表达”工具的问题，即日文的识别问题。

在梁启超之前，日语教育和日文文法书已局部流行，这其中一方面是官方译书活动的需要，另一方面也少不了民间商业活动的推动。虽然，鸦片战争以来的“师夷长技”客观

---

① 林少阳：《“文”与日本学术思想：汉字圈1700—1900》，北京：中央编译出版社，2012年，第29—30页。

上促进了国人对外语外文的学习以及相关文法书的编纂和传播，但其中与日语日文相关的却并不多见。相较于“西文”及与之相对应的“西学”，对日语的学习尚未成为“退虏”“送穷”的首要选择。甲午以后，留日热潮掀起。1896 年，清政府于甲午战争后首次派遣 13 名学生赴日留学；翌年，又于北京及广州同文馆增设东文馆。可以说，官方经营的日语教育由此正式拉开序幕。

可考的由中国人编纂的第一本日语教材《东语简要》于 1884 年发行，后陈天麟于 1895 年编纂《东语入门》，到 1900 年前后，也只有一本《东语正规》。约在 1884—1887 年，宁波的商人王仁乾编纂的《中东通语捷径》开始流行。1887—1890 年，《申报》累计为其刊登广告 27 次之多，其中一则颇能表明其影响力：“久客东都，与诸侯交往最契，凡我国音语雅俗皆知，近撰一书，其中分门别类，使中东学语者了如指掌。”① 王仁乾只是个商人，并未受到过专门而系统的语言训练，是书也只是采取传统的注音方式来进行编写，即采用汉语同音字标注出日语的发音而已。

此前国人更多关注西文书，或许是由于义和团运动导致大批传教士离华以及国人惊羡于日本明治维新以来取得的显著成就，使得日本成为获取外界知识的一个更优选项。日本

① 《新刻中东通语捷径》，《申报》第 4935 号，1887 年 1 月 8 日。

使臣的考察记等便成为知识“到手”[①] 的有效载体。这方面，黄遵宪的《日本国志》（1887 年成书，1895 年印行）中即有专章介绍日本“文字”[②]，谈及日本人的汉文典籍阅读：

> 日本之语变而愈多，凡汉文中仁义道德、阴阳性命之类，职官法律、典章制度之类，皆日本古言之所无，专用假名，则辞不能达。……用假名则不得不杂汉文，亦势也。汉文传习既久，有谬传而失其义者，有沿袭而踵其非者，又有通行之字……于是侏儺参错，遂别成一种和文矣。自创此文体，习而称便，于是更移其法于读书。凡汉文书籍概副以和训，于实字则注和名，于虚字则填和语，而汉文助辞之在发声、在转语者，则强使就我，颠倒其句读，以循环诵之。今刊行书籍，其行间假字多者，皆训诂语；少者皆助语，其旁注一、二、三及上、中、下、甲、乙、丙诸字者，如乐之有节，曲之有谱，则倒读逆读先后之次序也。专用假名以成文者，今市井细民、闾巷妇女通用之文是也。[③]

---

① 瞿骏：《新文化的“到手”与“人心”》，载《花落春仍在：20 世纪前期中国的困境与新路》，北京：生活·读书·新知三联书店，2017 年，第 68—79 页。

② 值得注意的是，黄氏该书此节原作“文学”，可知近代意义上的“文学”一词尚未普遍使用，指的仍是语言文字之类一般含义。

③ （清）黄遵宪：《日本国志·学术志二·文字》，载陈铮编《黄遵宪全集》（下册），北京：中华书局，2005 年，第 1418 页。

这意味着在“和文汉读法”的观念出现之前，近代士人首先遭遇的是“汉文和读法”——日本读者为了将汉文书写的典籍读得通顺、明白而“发明”出来的一种阅读方法。按照黄氏的理解，大概就是在阅读汉文典籍时，每当遇到实字就标注上日语的假名，虚字则添加相应的日语助词，通过颠倒读的顺序来使得句意明白晓畅。即只关注“目治”而一定程度上忽略“耳治”，较为重视“阅”后的理解，而相对忽视“读”的方面，进而达到粗识大义的目的。

应当说，黄遵宪对日本语言属性的阐释是很有先见之明的。“文字”一节便详细说明了日语的四点特征：语音少、句子长、语助词多以及语序与汉语不同：

(而) 日本之语言，其音少，(其土音只有四十七音。四十七音又不出支、微、歌、麻四韵，一切语言从此而生。) 其辞繁，(音皆无义，必联属三四音或五六音而后成义，既不同泰西字母，有由音得义之法，又不如中国文字有同音异义之法。仅此四十七音以统摄一切语言，不得不屡换其辞，以避重复，故语多繁长。如称一“我”字亦有四音，称一“尔”字亦用三音，他可知矣。) 其语长而助辞多。(日本语言，全国皆同，而有上下等二种之别，市井商贾之言，乐于简易，厌其语之长，每节损其辞以为便，而其语绝无伦理，多有不可晓者，故士大夫斥为鄙俗。凡士大夫文言，皆语长而助辞多，一言一句，必有转声，必有余辞，一语之助辞，有多至十数字者。）其为语，皆先物而后事，先实而后虚。（如读书则曰书读，作字则曰字作之类。）①

虽然假名文字表义繁难，但其具有便于大众学习，进而普及知识文化的具大优越性：

然汉字多有一字而兼数音者，则审音也难；有一音而具数字者，则择字也难；有一字而具数十撇画者，则识字也又难。自草书平假名行世，音不过四十七字，点画又简，极易习识，而其用遂广。其用之书札者，则自闾里小民、贾竖小工，逮于妇姑慰问、男女赠答，人人优为之。……故日本小说家言充溢于世，而士大夫间亦用其体，以述往迹，纪异闻。……读书人或鄙为俚俗，斥为谚文。然而人人习用，数岁小儿，学语之后，能读假字，即能看小说、作家书，甚便也。②

作为黄遵宪的同代人、好友、同事，同时亦是黄氏著作的“读者”，黄遵宪《日本国志》中表现出的这些经验同样

① （清）黄遵宪：《日本国志·学术志二·文字》，载陈铮编《黄遵宪全集》（下册），北京：中华书局，2005 年，第 1417 页。括号中的内容为原作者注解文字。

② （清）黄遵宪：《日本国志·学术志二·文字》，载陈铮编《黄遵宪全集》（下册），北京：中华书局，2005 年，第 1418 页。

也应该被梁启超所分享。《西学书目表》“中国人所著书”中即列有黄氏的《日本国志》和《日本杂事诗》。梁启超盛赞黄遵宪的《日本国志》：“体例明通，议论闳达，直跻古人著作之林，与舌人之手笔相去不可道里计矣。”[①] 在《变法通议·论幼学》中论及识字书，梁氏有感于古今通行文字不过两千有余，相较于以声为主的“西文”，中国文字以形为主，虽常用字少，但辨识困难。学习拼音文字，必须先学习字母，然后进阶拼音。以形为主的中文，必须按照“独体为文，合体为字”的顺序，由“文”而“字”，颇为繁难。谈及教授葡萄牙人识别汉字的经验，梁氏颇为自得，这些或许都直接或间接地成为其后来创立“和文汉读法”的“前经验”。

关于“文法”和“说部”典籍，梁启超认为古人语言与文字合一，《仪礼》《左传》中记载的辞令都是“出口成章”，所以才会有“不学《诗》无以言”的说法。基于这一前提，学“言”就是学“文”。但是，随着历史的演进，语言和文字分离，造成普通民众识字、作文困难。以古为尊造成知识的垄断以及传播的不畅；说话皆用今语，但下笔成文却用“古言”，造成了读书的困难。相较而言，日本人创造出伊吕波等四十六个[②]字母，并区分出平假名和片假名，以日本土语为主，辅以汉文，所以能够识字、读书、看报的人

① 梁启超：《日本书目表》，载《梁启超全集》（第1集），第170页。
② 此处系梁启超原文。

日渐增多。有感于此，梁氏甚至想写一部专用俗语“有音有字”的书，并畅想“读者愈夥”①。

于此，梁启超进一步发挥了老师康有为以“日本为牛，我为农夫”的构想，认为日本与我为同文之国，只是和文肇兴，有了平假名以后才出现和汉混杂的情况。但即便如此，日语中汉文仍然占据了十之六七。如果说“同文”提供了学习日文和翻译日籍的先天优势，那么日本维新“锐意西学”，翻译和自著的“新书”之多，足资译介，则是来自“变法维新”的现实需求：

> 日本与我为同文之国，自昔行用汉文，自和文肇兴，而平假名、片假名等，始与汉文相杂厕，然汉文犹居十六七。日本自维新以后，锐意西学，所翻彼中之书，要者略备，其本国新著之书，亦多可观。今诚能习日文以译日书，用力甚鲜，而获益甚巨。计日文之易成，约有数端：音少，一也；音皆中之所有，无棘刺扞格之音，二也；文法疏阔，三也；名物象事，多与中土相同，四也；汉文居十六七，五也。故黄君公度谓可不学而能，苟能强记，半岁无不尽通者。以此视西文，抑又事半功倍也。②

① 梁启超：《变法通议·论幼学》，载《梁启超全集》（第1集），第66页。
② 梁启超：《变法通议·论译书》（1897年），载《梁启超全集》（第1集），第87页。

梁氏的议论应该说延续了黄遵宪的某些经验，这自然与他阅读黄氏的《日本国志》不无关系。黄遵宪总结的日本文法四点特征在这里被总结成五大“优势”，不久后在《日本横滨中国大同学校缘起》中，梁氏便主张以西文、日文为通学，鼓励东游留学。

这些阅读经历给梁氏带来不少震撼，落实到语言文字改良上不外两点：一要精简文字；二要在文体上化繁为简，化雅向俗，宣传新知，启发民智。概言之，便是梁氏后来主张的“言文一致”。1896 年，沈学的《盛世元音》发表，梁启超为其作序，认为倘若天下人都能够识字读书，那么民智定会大开。相较于德、美、日等国民众识字率较高的情形，中国民众的识字率极端低下，究其原因，即黄遵宪在《日本国志》中提及的言文分离。他借用传统文论的“文”“质”二分法，讨论中文和西文的分别：“中国文字畸于形，宜于通人博士，笺注词章，文家言也；外国文字畸于声，宜于妇人孺子，日用饮食，质家言也。”① 因之，文字应分雅、俗二类，那么由文字组成的“文章”之“文体”亦应有“雅”“俗”二体，以满足不同读者的阅读需求。

由于倾向“言文一致”，有意无意之中，居日期间梁启超的“演说”活动也多了起来，这从某种程度上亦促进了梁氏相关语言变革观念的生成。福泽谕吉最先将英文之

① 梁启超：《沈氏音书序》，载《梁启超全集》（第 1 集），第 112 页。

"speech" 翻译为"演说"，并于 1873 年（明治六年）起在庆应义塾训练"演说"。他认为："学问的趣意终究不只限于读书，第一为说，其次为见为闻，再其次为思考道理，最后始为读书。所以，在日本，如果不能在众人面前阐述自己的想法，便失去一做学问之要诀。这恰若人之耳目鼻口五官之中独缺其一焉。"① 梁氏后来充分发挥日人犬养毅的说法，将学校、报章、演说称为"传播文明三利器"，并认为："大抵国民识字多者，当利用报纸；国民识字少者，当利用演说。"② 因而，在学校、报纸以外，还得宣扬"演说之益"。但同日本的改革先驱那样，梁启超亦随之感到困惑。"口头的演讲"和"印刷的铅字"终究是两回事，"演说"更适宜于向下层民众"宣传"，书面语言还得另加修改润色，口语与书面语并未完全合一，是两个系统。

当然，这一切都是为了最终达到"开启民智"的目的。以同时期的日本为参照，自 1872 年（明治五年）近代国民教育发端，教部省便规定小学阶段的教学任务为 3000 汉字，这是文字改良者削减后的常用汉字。到了 1880 年（明治十三

① ［日］小森阳一：《日本近代国语批判》，陈多友译，长春：吉林人民出版社，2011 年，第 26 页。

② 梁启超：《文明普及之法》（1899 年 9 月 5 日），载《梁启超全集》（第 2 集），第 46—47 页。《合集·专集》之二《自由书》收入末三段，题名为《传播文明三利器》，收入《清议报全编》时，题名更为《文明普及之法》。

年)，文部省和其他省众大臣进一步提议改良文字和文体①。即使在今天，现代日语中常用的汉字也仅为1500字。梁启超崇敬的日本文豪、政治小说《经国美谈》的作者矢野文雄(1851—1931)即提出“节减汉字”的观点，他于1886年(明治十九年)发表《日本文体文字新论》，主张以3000汉字作为常用字，且提倡报刊上的文字亦应在3000字以内。第二年，他又编纂出一部《三千字字典》，助力精简汉字的实践。与前文提及的“铅字”与“演说”的二分相类似，矢野在《日本文体文字新论》中将文体亦作“普通书”和“文学书”的两分，前者指的是政府布告、教科书、书信、新闻等，后者则是指小说、论文、专著之“文”。矢野的观点不仅在晚清时期对中国深有影响，倘若我们稍稍联系一下五四新文化运动时期，“新青年”同人所主张的“文学之文”与“应用之文”的二分，也可隐隐追溯到他。新文化运动先驱之一的蔡元培在1901年9月26日的日记中即有记载：“阅矢野文雄《日本文体文字新论》，中言中国地势较欧洲尤难统一，而终能统一言语不同之各部者，用形字故也。又言卦画即太古之音字，以不适用，故不行。又言中日文字，下行较旁行为便，而行次自右而左，不如满州文之自左而右为

① 曹雯：《何为“国语”——试探日本明治时期文字文体改良的选择》，载杨念群编《澹澹清川：戴逸先生九秩华诞纪念文集》，北京：中国人民大学出版社，2016年，第385页。

适。”[1] 可知，语言文字的变革是同时期东亚文化圈知识人共同关注的时代命题。

无论是拜师康有为之后的耳濡目染，抑或阅读同辈的著译，生性对周遭世界比较敏感的梁启超通过阅读不断“更新”着自己的旧知体系，从“跟着读”到主动搜购东、西图书，他的眼界逐渐打开，关于语言文字及文体变革的愿望逐渐萌芽。如果说上述经验还似“镜里看花”“水中窥月”隔着一层，那么踏足异域，直面其字其文，则是进一步的催化了。

三、日文书刊的阅读体验

东居三年，梁氏对语言文字及立于其上的学问感慨无限，直言“新习得一外国语言文字，如新寻得一殖民地”[2]。因而，通其语言文字，但不读其书，至多不过鹦鹉学舌。在逃亡日本的舰船上，舰长将东海散士（柴四郎，1853—1922）的著作《佳人奇遇》予他解闷，梁启超随阅随译，后来登载在《清议报》上，这大概是他与日本政治小说的最初相遇。

《佳人奇遇》最大的特点便是汉文体和诗化的语言，“支

---

① 王世儒编：《蔡元培日记》（上册），北京：北京大学出版社，2010 年，第 182 页。

② 梁启超：《东籍月旦》（1902 年），载《梁启超全集》（第 3 集），第 466 页。

持《佳人奇遇》的青年读者所被吸引的是由文雅的叙事诗文体寄托的 Nationalism 的潜热，以及明治日本的位置用世界史的视野俯瞰的雄大的构想”①。从现有资料来看，也许心灰意冷的梁启超并未即时记录下当时的阅读感受，但是我们可以从他后来的文字中窥见一斑。《清议报》发行满百册时，梁氏曾著文盛赞《经国美谈》《佳人奇遇》等小说：“以稗官之异才写政界之大势，美人芳草，别有会心。铁血舌坛，几多健者，一读击节，每移我情。”② 从这个层面来说，这些日本“小说”紧密联系着“政治”，而背后是需要汲取新知识、获得新的精神面貌的读者——“新民”。

戊戌年（1898）初到东京，大隈重信身边的犬养毅、高田早苗、栢原文太郎和他时有来往，并且为他讲解日本文法，“稍能读东文，思想为之一变”③。第二年（1899）春天，梁启超约罗普同往箱根读书，他愈发地想深入阅读日文书，但是苦于不谙假名。同门罗普深通中国文法，又精通日文，“因相研索，订有若干通例，使初习日文径以中国文法颠倒

① 前田愛：《明治歴史文学の原像——政治小説の場合》，《展望》9 月号，東京：筑摩書房，1976 年 9 月，转引自［日］吉田薰：《梁启超与近代日本的相遇》，硕士学位论文，北京大学，2005 年。

② 梁启超：《本馆第一百册祝辞并论报馆之责任及本馆之经历》，载《梁启超全集》（第 2 集），第 356 页。

③ 梁启超：《三十自述》，载《梁启超全集》（第 4 集），第 110 页。

读之，十可通其八九，因著有《和文汉读法》行世”[①]。

在《清议报》第10册中，梁启超极力宣扬学习日本文的益处：“肄日本之文，读日本之书，畴昔所未见之籍纷触于目，畴昔所未穷之理腾跃于脑。”[②] 他不再像从前给康有为写信那样反对延请日文人才翻译日文书了，而是高声疾呼，有志于新学的国人应都来学习日本文。对待由日本文字承载的“西学”，也不再以东学、西学简单地二分。因为，无论是“西学”抑或“东学”，最终都是适于国家革新的“新学”。日本维新三十余年，广求智识于寰宇，著译图书数千种，都是“开民智，强国基”的“急务”。相较于翻译的“缓而少”，不如直接学习日文“速而多”。中日有同文之便，更可“数日而小成，数月而大成，日本之学已尽为我有矣”[③]。

面对学而数年未成的质疑，梁氏进一步将学习日文分成三个进阶，即“学日本语之法”“作日本文之法”和“学日本文之法”三个层次。要而言之，同其老师康有为及友人黄

---

① 罗孝高（罗普）：《任公轶事》，转引自丁文江、赵丰田编《梁启超年谱长编》，上海：上海人民出版社，2009年，第115页。关于《和文汉读法》一书，笔者所见有励志会增补、沈翔云编印（1900年7月发行）和梦花卢氏增刊两个版本，本书所论述的《和文汉读法》即以这两个版本为依据。二书均收入李長波編集、解說：《近代日本語教科書選集》（第7卷），東京：クロスカルチャー出版，2010年。

② 梁启超：《论学日本文之益》（1899年4月1日），载《梁启超全集》（第1集），第704页。

③ 梁启超：《论学日本文之益》（1899年4月1日），载《梁启超全集》（第1集），第704页。

遵宪所分享的经验一样，梁氏为了追求阅读日本图书的速度，将“阅”与“读”二分，只注重读懂大概文意的“阅”，即“目治”，而相对忽视“耳治”之“读”。这样做的理由是：

> 日本文汉字居十之七八，其专用假名不用汉字者，惟脉络词及语助词等耳。其文法常以实字在句首，虚字在句末，通其例而颠倒读之，将其脉络词语、助词之通行者标而出之，习视之而熟记之，则已可读书而无窒阂矣。[①]

接着便是推销他所编辑的《和文汉读法》，直言学习的人，不费丝毫脑力，便收获无穷，还说这是经过他们同人多次实验所得的共同经验。但是他又补充说明：《和文汉读法》适用于精通汉文的人，倘若尚未精通中文的按照这个方法来学习和文，必将导致颠倒错杂瞀乱，最终东施效颦两无所成，如出洋留学汉文不通的学生们可能就会有这样的遭遇[②]。

---

① 梁启超：《论学日本文之益》（1899 年 4 月 1 日），载《梁启超全集》（第 1 集），第 705 页。

② 曾经阅读过《和文汉读法》并深谙日语、日文的周作人对此有评述：“本来和文中有好些不同的文体，其中有汉文调一种，好像是将八大家古文直译为日文的样子，在明治初期作者不少，如《佳人之奇遇》的作者柴东海散史，《国民之友》的编者德富苏峰，都写这类的文章，那样的钩而读之的确可以懂了，所以《和文汉读法》不能说是全错，不过这不能应用于别种的文体，而那种汉文调的和文近来却是渐将绝迹了。”周作人：《和文汉读法》，载止庵校订《苦竹杂记》，北京：北京十月文艺出版社，2011 年，第 202 页。

四、创用“新文体”

对于文体革新，梁氏自身不能说没有自觉性，后人频频引以为据的两处，即出自梁氏自己的文章。《清议报》最后一期梁氏撰文《本馆第一百册祝辞并论报馆之责任及本馆之经历》，谈及自己在该报发表过的文章时，直称：

> 有《少年中国说》、《呵旁观者文》、《过渡时代论》等开文章之新体，激民气之暗潮。[①]

这已经算是他较为明确的自我体认了，不仅点明了具体的文章例证，还从两个大的方面简单阐述了“新文体”的特征，即“文思”（激发民气）和“文体”（文章新体）。《清代学术概论·二十五》更是将自身置于“今文学派”发展的脉络中进行评价，颇有“史”的自我建构之意：

> 启超亦自美洲驰归，及上海而事已败。自是启超复以宣传为业，为《新民丛报》、《新小说》等诸杂志，畅其旨义，国人竞喜读之。清廷虽严禁，不能遏，每一册

① 原载《清议报》第100册，1901年12月21日。今据《梁启超全集》（第2集），第356页。

出，内地翻刻本辄十数，二十年来学子之思想，颇蒙其影响。启超夙不喜桐城派古文，幼年为文，学晚汉、魏、晋，颇尚矜炼。至是自解放，务为平易畅达，时杂以俚语、韵语及外国语法，纵笔所至不检束。学者竞效之，号新文体；老辈则痛恨，诋为野狐。然其文条理明晰，笔锋常带情感，对于读者，别有一种魔力焉。①

综合他的自述来看，梁氏自己认定的“新文体”当为发表在《清议报》《新民丛报》以及《新小说》等报章杂志上的文章所采用的文体。“至是自解放”则说明在他的心目中，此种新兴文体已臻成熟境界。

追溯“新文体”的发生史，大致或可以戊戌东渡为分界线。东渡以后，梁氏的读书识字往往与他的写作实践是相伴随发生的。在这一过程中，他自觉或不自觉地借鉴日本文法，创用着“新文体”。从一开始接触到日本书的“肄日本之文，读日本之书”进而大肆宣扬“学日本文之益”，再到编纂《和文汉读法》，坦言学日本文读日本书，“数日而小成，数月而大成”，不费俄顷脑力，便所得无量。

在《夏威夷游记》中，1899 年 12 月 25 日记他读到郑西乡（藻常）的新名词诗为之拍案叫绝。概而言之，郑诗饱含

① 梁启超：《清代学术概论·二十五》，载《梁启超全集》（第 10 集），第 278 页。

“新名词”“新意境”的“欧西文思”，正是他所追求的：“吾近好以日本语句入文，见者已诧赞其新异。”① 28日，他读到了日本文豪德富苏峰所著《将来之日本》以及“国民丛书”数种，感慨“德富氏为日本三大新闻主笔之一，其文雄放隽快，善以欧西文思入日本文，实为文界别开一生面者，余甚爱之，中国若有文界革命，当亦不可不起点于是也”②，又说自己旅日期间“广搜日本书而读之，若行山阴道上，应接不暇，脑质为之改易，思想言论，与前者若出两人”③。

1899年6月28日的《论中国人种之将来》是他应日本某政党机关报《大帝国》的邀约而撰写的，他在“撰者自志”中表明这篇文章多效仿日本文体，免不了有委蛇沓复的毛病。且看第一段：

> 欧人中国分割之议，倡之既有年，迄于今而其声愈愈高。④

到写作《自由书》时，文体上发生的变化已经被他所察觉：

---

① 梁启超：《夏威夷游记》，载《梁启超全集》（第17集），第262页。
② 梁启超：《夏威夷游记》，载《梁启超全集》（第17集），第263页。
③ 梁启超：《夏威夷游记》，载《梁启超全集》（第17集），第259页。
④ 原载《清议报》第19册，1899年6月28日。今据《梁启超全集》（第2集），第5页。

> 自东徂以来，与彼都人士相接，诵其诗，读其书，时有所感触，……每有所触，应时援笔，无体例，无宗旨，无次序；或发论，或讲学，或记事，或钞书；或用文言，或用俚语，惟意所之。庄生曰：我朝受命而夕饮冰。我其内热欤，以名吾室。西儒约翰·弥勒曰：人群之进化，莫要于思想自由、言论自由、出版自由。三大自由皆备于我焉，以名吾书。①

梁氏此时的文体已经兼用文言与俚语，体例上也不拘一格，就连引文，也是中西结合的，从前的“古人云”被置换成了“西儒曰”。可见，他在“文思”和“文体”两个层面都对原有的认知作出了一定的调整。又如1905年2月18日发表的《世界将来大势论》可称是编译作品，“矢野文雄者，日本之雄于文者也。……顷新著一书，题曰：《世界ニ於ル日本之將來》，……今撷其要点，译之，为上篇。复以彼论为前提，更述鄙见”②。他明确表示该文是借鉴日本文体，加以改述，继而成文的。“欧人中国分割之议”即系日式句子，日语中多将宾语置于动词之前，如果按照中国古文的语序，应为“欧人分割中国之议”；又如“且不宁惟是而已，他日

① 《自由书·叙言》（1899年8月26日），原载《清议报》。今据《梁启超全集》（第2集），第41页。

② 原载《新民丛报》第63号，1905年2月18日。今据《梁启超全集》（第5集），第40页。

于二十世纪，我中国人必为世界上最有势力之人种，有可豫断言者”，则为拟日文体之倒装句式。

这里特别需要关注的是梁氏《夏威夷游记》中提到的德富苏峰。

德富苏峰（とくとみそほう，1863—1957），本名德富猪一郎，是日本著名的作家、记者、评论家以及历史学家，系东京国民新闻社社长。其由于在思想界以及文坛持久的影响力，被认为是继福泽谕吉之后日本近代第二大思想家。一生历经幕末、明治、大正、昭和等多个时期，前后近一个世纪之久。在明治初年，德富苏峰便已经赫赫有名了，被誉为文学界的权威。他致力于提倡国民独立自主以及从社会底层的“欧化”，于1887年创立民友社并创办《国民之友》，后又于1890年创办《国民新闻》。时人称他为“苏峰翁”，与其共享“翁”这一美誉的只有华盛顿、拿破仑、托尔斯泰、西乡隆盛、福泽谕吉等少数世界知名人物。彼时足涉日本的留学生，基本都读过他的“国民小丛书”，包括曹汝霖、张继等都是他的读者。

日本明治期间东京日报界的三大权威之一，就有德富苏峰（《国民新闻》），另外两个是黑岩周六（《万朝报》）和秋山定辅（《二六新报》）。这其中，以德富苏峰在舆论界最具有影响力，可谓“舆论界之骄子”。大正、昭和年间，黑岩周六和秋山定辅都逐渐趋于寂然无闻，但已近九十高龄的德富苏峰仍然具有相当的影响力。虽然后来他遭受节操有变的骂名，被在野党贬低为军阀走狗，《国民新闻》亦被谴责为官僚御用喉舌，但日本民众仍尊其为维新前辈。联系梁启超后来的人生走向、政治倾向及个人生涯的多次转变，二人诚然有颇多相似之处。从现有资料来看，梁启超曾寄书两封致德富苏峰[①]。对于梁启超，德富苏峰在《中国漫游记》中记述过他们的会面：

> 梁启超可能是中国唯一的新闻记者。交谈中，他频频赞赏我的《杜甫与弥尔顿》，说从来不会错过我的文章。……跟他相识，颇有相见恨晚之感。[②]

1917 年，德富苏峰漫游中国，接待他的官员声称德富苏峰是日本的梁启超，梁启超则是中国的德富苏峰。可见，时人对二人在舆论界的地位以及文风的相似上多有认同。

对于德富苏峰给予梁启超的影响，或者说梁启超对德富苏峰文章的“化用”或“译述”，学界已有一些讨论。日本学者樽本照雄较早发文讨论，他在《清末小说から》第 20

---

① 两信藏日本京都同志社大学“德富文库”，夏晓虹据坂出祥伸《梁启超著述编年初稿》推定分别写于 1899 年和 1903 年。写于 1903 年的书信称：“日诵《国民新闻》，如与先生相晤对也。”“蒋士诠之庄园九种典，实我邦近世文学之铮铮者也。”参《梁启超全集》（第 19 集），第 666—667 页；夏晓虹：《阅读梁启超：觉世与传世》，北京：东方出版社，2019 年，第 297 页。

② ［日］德富苏峰：《中国漫游记》，张颖、徐明旭译，南京：江苏文艺出版社，2014 年，第 70 页。

期发表《梁啓超の盗用》[1] 一文。文章首先引用冯自由的指摘："盖清季我国文学之革新。世人颇归功于梁任公（启超）主编之《清议报》及《新民丛报》。而任公之文字则大部得力于苏峰。试举两报所刊之梁著饮冰室自由书，与当日之国民新闻论文及民友社国民小丛书一一检校，不独其辞旨多取材于苏峰，即其笔法亦十九仿效苏峰。此苏峰文学所以间接予我国文学之革新，影响至巨，而亦《新民丛报》初期大博社会欢迎之一原因也。"[2] 基于此，冯自由认为梁启超"剿袭"他国文学家的著作而不注明出处，是掠美他人，被指摘[3]也是理所当然。

其中颇引争议的是《烟士披里纯（Inspiration）》一文。冯自由的文章即以此为例，说明任公的"剿袭"：

> 在辛丑年（民国前十一年）秋冬间，苏峰有一短文刊于《国民新闻》，题曰 *Inspiration*。一月后横滨《清议报》之《饮冰室自由书》即译成汉文，题曰"烟士披里纯"。全文意义与国民新闻相同。略谓烟士披里纯一语之英文意义，在汉文字典上无一适当之名词足以表明之，

① ［日］樽本照雄：《梁啓超の盗用》，《清末小说から》第20期，1991年1月。

② 冯自由：《日人德富苏峰与梁启超》，载《革命逸史》（中册），北京：新星出版社，2016年，第802页。

③ 新民之旧友：《与新民丛报总撰述书》，《大陆报》第6期，1903年6月。

只可译音云云。在读者方面或以为任公不独深通日文，亦且深通英文，大足炫耀其学问之渊博。……考Inspiration字，应作灵感或感动、鼓舞等解，胡适在留美札记上谓任公所译“烟士披里纯”，应译为“神来”，胡殆不知任公之材料是由苏峰间接得来也。①

德富苏峰的文章《インスピレーション》最初发表在《国民の友》第22号上，后收入《静思余录》一书，系“国民丛书”第四册。初刊文章由三个部分组成，每部分之前有小标题，收入文集后小标题被略去：

第一　人は常に我胸中の秘密を語らんとする者なり［第一　人常欲语其胸中之秘密］

第二　人心の高潮［第二　人心之高潮］

第三　人間にして天使なるを得べき乎②［第三　人焉可为天使乎］

以其中的一段为例：

① 冯自由：《日人德富苏峰与梁启超》，载《革命逸史》（中册），北京：新星出版社，2016年，第803页。

② ［日］德富蘇峰：《インスピレーション》，《国民の友》第22号，1888年5月22日。译文为笔者翻译。

人は常に我が胸中の秘密を語らんとする者なり、或は語らんと欲して之れを語る者有り、或は語る事勿らんと欲して語る者ゐり、斯くの如く有心無心の差別は有れども、胸中の秘密は、決して長く胸中に隠伏する者には非さるなり、口に顕はれざれば、挙動に顕はれ、挙動に顕はれざれば、容貌に顕はる、古歌に曰く「忍ふれと色に出にけり我か戀は物や思ふと人の問ふよ/まて」と、夫れ忍ふれと猶ほ色に出つるに非ずや、況や忍ばざるに於てをや、①

试比较梁启超对于本段的“译述”：

人常欲语其胸中之秘密，或有欲语而语之者，或有欲勿语而语之者。虽有有心、无心之差别，而要之胸中之秘密，决不能长隐伏于胸中。不显于口，则显于举动；不显于举动，则显于容貌。《记》曰：夫微之显，诚之不可掩如此乎？吁，可畏哉！②

梁氏对德富苏峰的文章进行了一些“编译”，改用古文

① ［日］德富蘇峰：《インスピレーション》，《国民の友》第22号，1888年5月22日。

② 梁启超：《烟士披里纯（Inspiration）》（1901年12月1日），载《梁启超全集》（第2集），第126页。

为基调，略加删减，引文也换成了中国古代典籍。樽本照雄认为这可称为“盗用”，理由很简单，梁文与德富文主旨基本相同，句式也多相似，但他没有在文中指出原始文献的作者及详细出处。樽本详细考证了梁启超文章中的取舍之处，分为删减、改写和增笔三种。正如冯自由所说的那样，苏峰本就长于汉学，所撰“汉文调”文章只须稍稍删减片假名，换以适当的汉语虚字，就是一篇很好的中文文章。如此一来，即使是梁启超那样粗通日语之人，亦能够将他的文章转述为汉文。

根据川尻文彦的考证梳理，德富苏峰所著《读书九十年》可以集中窥见他青年时代的读书倾向。跟随当时的读书习俗，在汉学私塾里，从四书五经的素读①到《左传》《史记》《唐宋八大家散文》以及《资治通鉴》等的遍览，德富苏峰广泛阅读和、汉、洋的古典作品，深具“英语名人”世代的特征，其《将来之日本》即主要是依据英文文献完成的②。

这也难怪梁启超读了德富苏峰的文章后，深深为他的

---

① 素读是日本人对我国古代私塾教学方式的定义，即指不追求投入理解，只是将其反复诵读，烂熟于心，从而达到夯实文化根基的目的。强调以记忆学习为中心，反复朗读。

② 他与同时代的内村鉴三、新渡户稻造以及三宅雪岭等文人，同属于明治时期第二代知识分子，亦即太田雄三所谓的“英语名人世代”，即都是以英语为媒介接受西方教育的一代。可参［日］川尻文彦：《梁啓超と德富蘇峰：馮自由「日人德富蘇峰与梁啓超」と梁啓超の「盗用」をめぐって》，《愛知県立大学外国語学部紀要第48号》（言語·文学編），2016年，第189—202页。

“欧西文思”所折服。《饮冰室自由书》中注明“改编”自德富苏峰的文章有三篇，分别是《无名之英雄》《无欲与多欲》以及《机会格言》。此外，仍有很多未注明的，这在川尻的文章中有所列举，另外也可以参照京都大学共同体的研究成果①。夏晓虹认为梁氏这种不忠实原文的“翻译”应称之为“译述”，在当时是一种普遍现象②。梁启超“阅读”德富苏峰，顿觉“先得我心”，产生共鸣。这种阅读体验和他读到同乡郑西乡满含新名词、新意境（欧西文思）的“新体诗”时当有共通之处。所谓充满“欧西文思”的“新文体”则是借鉴取用日本文豪之汉文调、欧文脉，在“文思”与“文体”两个层面作出一定革新的过渡文体。其目的在于通过“新文体”之“欧西文思”绍介“欧西精神”，塑造“新民”，同时也希冀通过新式文体发出自己的声音。

大致来说，自戊戌东渡，学日本文，读日本书，特别是对福泽谕吉、矢野文雄、德富苏峰等日本文豪文体、文思的取用及融合，“新文体”从初创逐渐走向成熟。一般认为，前述梁氏写给德富苏峰两信的时间节点，大致可以认为标志着“新文体”的发轫与成熟，即梁氏自言的“至是（指的是

---

① ［日］狭間直樹編：《共同研究　梁啓超：西洋近代思想受容と明治日本》，東京：みすず書房，1999 年。该书的中文译本参见［日］狭间直树编：《梁启超·明治日本·西方：日本京都大学人文科学研究所共同研究报告》（修订版），北京：社会科学文献出版社，2012 年。

② 夏晓虹：《也説梁啓超的盗用》，《清末小説から》第 22 号，1991 年 7 月 1 日。

创办《新民丛报》《新小说》时——笔者）自解放”，号称“新文体”。

小 结

《时务报》时期，梁启超曾与古文家严复发生过一场论争，这场论争一直延续到《新民丛报》时期。从后来严复与熊育锡的通信中，我们大致可以获取一些信息，严复批判的是任公“偏宕之谈，惊奇可喜之论”① 造成的煽动力与破坏力。

《新民丛报》创刊后，第1号便发表评论严复所译《原富》的文章：

> 但吾辈所犹有憾者，其文笔太务渊雅，刻意模仿先秦文体，非多读古书之人，一翻殆难索解。②

据此，梁氏主张著译事业是要将新思想传播给民国，而不是藏之名山，为了不朽的声誉。严复则表示：

---

① 参见严复1916年4月4日、9月10日以及9月22日三封致熊育锡的书信，载汪征鲁、方宝川、马勇编《严复全集》（卷八），福州：福建教育出版社，2014年，第311页、323—324页、325—326页。

② 严复：《绍介新著·原富》，《新民丛报》第1号，1902年2月。

吾译正以待多读中国古书之人，使其目未睹中国之古书，而欲稗贩吾译者，此其过在读者，而译者不任受责也。[①]

两种态度截然相反，体现出“读者本位”与“作者本位”的论争。实际上，这也是近代中国知识人的困惑与纠缠，这种困惑直到今天也仍然存在。梁氏其时主张“文界革命”，模仿“欧西文思”。相较于上一阶段的仅仅是主张多写俚语著作，此时期梁启超已认识到俗语文体的流行是文学进步的表现，即文学由“古语文学”演变为“俗语文学”的关键，并表示想要普及思想，“凡百文章，莫不有然”[②]。

观念的更新还得配上具体的实践。居日期间，读日文书，学日本文，从札记笔录开始，梁氏已经逐步对传统文体有所突破，《和文汉读法》也客观上促进了某种文体上的模仿。到了写作《自由书》等文章时，已经刻意仿效日本文体了。

于是乎，梁启超带着他固有的文章记忆，加上突如其来的“新面孔”的一些特色，“新文体”被他发挥得淋漓尽致，一纸风行。

---

① 严复：《与〈新民丛报〉论所译〈原富〉书》，《新民丛报》第 7 号，1902 年 5 月。

② 饮冰（梁启超）：《小说丛话》，《新小说》第 7 号，1903 年 9 月。

第三章

精研法门求致用

佛教与中国思想文化之关联，渊源有自。自东汉白马驮经，佛教至魏晋南北朝盛极一时。章太炎曾有一番见解："佛教的理论，使上智人不能不信；佛教的戒律，使下愚人不能不信。通彻上下，这是最可用的。"[①] 时移世易，佛教到了近世不能不说走向了衰落。究其因由，一方面是主流意识形态以典律的形式对其进行正统的规训，另一方面，八股取士也使这一非正统的思想难以入读书人法眼。有心探寻源流者，亦不免失望而归[②]。到了近代，内因、外由两方联合，佛教方才出现了短暂的复兴，夏曾佑不无感慨："本朝文苑最苍凉，佛法师承更早亡。正好独开生面在，未须料理六朝唐。"[③] 即便如此，但究竟不是属于信仰意义上的"佛教"，乃是兴趣以及学问层面的"佛学"。无论是早期的经由佛学

① 章太炎：《在东京留学生欢迎会上之演讲》（1906 年 7 月 15 日），载章念驰编《章太炎全集》（第 14 卷），上海：上海人民出版社，2018 年，第 5 页。

② "学问欲"强烈如梁启超，以其善挖掘文献史料以及发明阐释之能力，面对晚清之佛教发展演变，亦无能为力，并表示"前清佛学极衰微"。参《清代学术概论·三十》，载《梁启超全集》（第 10 集），第 289 页。

③ 夏曾佑：《送继禅和尚之杭州开僧学堂》，载杨琥编《夏曾佑集》（上册），上海：上海古籍出版社，2011 年，第 434 页。

"格义"、比附西学，借以容纳新知，开拓眼界，抑或增强文化之自信力，还是后期逐步转向较为纯粹的学术研究，归根结底针对的是"老大中国"的现实问题。溯源其复兴主体，原也并非来自佛教群体内部，多为对局势敏感，倾心新学而又欲有所行动的读书人①。

一、近代佛教（学）之复兴

近代佛学复兴，始以"发现"，继以"发明"，最终构建起现代佛学体系，或谓之佛学的现代转型。那么近代以来，梁启超所谓"新学家"是怎样"发现"佛学的呢？

有三股力量值得关注：其一是以康有为、梁启超、谭嗣同、章太炎等为代表的维新志士；其二是以杨仁山、欧阳渐等为代表的居士群体；最后方是以苏曼殊、太虚法师以及八指头陀为代表的佛教高僧群体。三股力量内外结合，感应着时代的律动，掀起了一场佛教复兴运动。由于并非全然出自内部的自我变革，又处在时代风雨之中，佛教不得不对内忧外患作出回应。加之新学家（时代知识分子）们的"发明"传播，佛学自成一时风气，人们对时势的关心胜过宗教的信仰，更多了一点经世致用的底色。

---

① 梁启超曾说："前清佛学极衰微，高僧已不多，即有，亦于思想界无关系。"参《清代学术概论·三十》，载《梁启超全集》（第10集），第289页。

如梁启超认为的那般，佛教传入本土有相当的历史，已内化进入文化肌理，成为不可分割的部分，遂有进一步变革改造的土壤。又因经典流传既广，学习较易，所以研究佛学的人日渐增多。到了近代大略可以分作两派，一派是哲学的研究，一派是宗教信仰。此外，西洋哲学既然已输入中国，那么对于印度哲学，自然也引起了连带的兴趣①。社会上屡遭丧乱，厌世思想便不期而然地产生，对于这恶浊的世界，人们产生种种烦闷悲哀，想求一个安心立命的地方，稍有根器者，便必然遁逃而皈依于佛②。

国势颓危，大厦将倾，有识之士或可分为两种，一种是变法图强，以救国救民为己任。如孙宝瑄日记中所记载的那样，我们国家历来研究佛学的人，大抵都是内心穷困、忧郁、压抑、不得志的人，他们用佛学作为排遣内心苦闷的方法，因此才陷入空虚。如果能真正研究佛学，他们的慈悲和热力，不知道会增加多少倍，救世的心愿也会更加迫切。救世的心愿迫切，那么一切有利于群体的事情，他们都会毫不犹豫地承担，而且能够看破生死这一关。像谭浏阳这样的人，谁能说研究佛学者是空虚的呢？况且如康有为、梁启超这般经世

---

① 蒋方震曰："欧洲近世史之曙光，发自两大潮流：其一，希腊思想复活，则'文艺复兴'也。其二，原始基督教复活，则'宗教改革'也。我国今后之新机运，亦当从两途开拓，一为情感的方面，则新文学、新美术也；一为理性的方面，则新佛教也。"参梁启超：《清代学术概论·三十》，载《梁启超全集》（第10集），第290页。

② 参梁启超：《清代学术概论·三十》，载《梁启超全集》（第10集），第289页。

济民者，都是研究佛学的人。如果说学习佛学就是空虚，那么这一批人都应该隐居深山，成为世外之人，何必在朝堂上奔走，试图变法救国呢？因而孙宝瑄批判道：“公辈既不读佛书，不知佛学之大，而妄加訾议，似可不必。”[①] 另一种，则是因对时局失望，而退守江湖之远者。以魏源为例，此公晚年即痴迷净土，咸丰年间致友人书云：“老年兄弟，值此难时，一切有为，皆不足恃。惟此横出三界之法，乃我佛愿力所成。但办一心，终登九品。且此念佛法门，普被三根，无分智愚男女，皆可修持。若能刊刻流布，利益非小，子其力行毋怠。”[②] 如此，似是饱经沧桑之后退而避守之态。

梁启超将佛学视为“晚清思想界一伏流”，认为前清佛学非常衰微，高僧已不多，即使有，也与思想界没有关系。居士之中，清初的王夫之颇治相宗，然而佛学却并非他的专长。到乾隆时，则有彭绍升、罗有高专心信仰，绍升更是曾与戴震往复辩难。此后，龚自珍从绍升习佛学，《定庵文集》中有《知归子赞》一篇。龚自珍晚年受菩萨戒，魏源也是如此，改名承贯，著有《无量寿经会译》等书。龚自珍、魏源为“今文学家”所推尚，因“今文学家”大多兼治佛学[③]。

① 孙宝瑄：《忘山庐日记》（上册），上海：上海人民出版社，2015 年，第 380 页。

② 周诒朴：《原刻净土四经叙》（1858 年），载魏源全集编辑委员会编《魏源全集》（第 20 册），长沙：岳麓书社，2004 年，第 339 页。

③ 梁启超：《清代学术概论·三十》，载《梁启超全集》（第 10 集），第 289 页。

居士的推动也是近代佛学复兴的一大助推力。梁启超在《清代学术概论》中着重绍介了杨文会的影响。石埭杨文会少年时曾在曾国藩幕府充任幕僚，又随曾纪泽出使英国。他一向倾心于佛学，学问渊博且道德高尚。晚年隐居金陵，专门从事刻经弘法的事业，直至宣统三年（1911）武昌起义前一天去世。杨文会精通法相、华严二宗，而以“净土”教授学生，学生逐渐敬信他。谭嗣同随其学习一年，根据所得著成《仁学》，且经常鞭策他的朋友梁启超。梁启超虽自谦不能深入研究，然亦喜好佛学，他所写的论文，往往推崇佛教。康有为喜好谈论宗教，常常根据自己的意思加以取舍。章炳麟也喜好法相宗，有著述。基于此，梁启超总结道：“故晚清所谓新学家者，殆无一不与佛学有关系。而凡有真信仰者，率皈依文会。”①

学随世转，“国初之学大，乾嘉之学精，道咸以降之学新”②。困境逼迫人们寻找出路，寻找出路需要译介书，译介书需要寻找媒介，佛学因之与科学结缘。梁启超曾说过：“有系统之真智识，叫做科学。可以教人求得有系统之真智识的方法，叫做科学精神。”③ 传统儒学解决不了“退虏”

① 梁启超：《清代学术概论·三十》，载《梁启超全集》（第10集），第289页。

② 王国维：《沈乙庵先生七十寿序》，载谢维扬、房鑫亮主编《王国维全集》（第8卷），杭州：浙江教育出版社，2009年，第618页。

③ 梁启超：《科学精神与东西文化》（1922年8月20日），载《梁启超全集》（第15集），第410页。

“送穷”的现实问题，因而受到冷落乃至批判。如邓实所言，知识界一时“尊西人若帝天，视西籍如神圣”①，掀起译介西学的风潮，进而将之转变为“切于人事、征于实用”② 的“新学”。任鸿隽的看法也具有一定的代表性，他认为：

> 综观神州四千年思想之历史，盖文学的而非科学的。一说之成，一学之立，构之于心，而未尝征之于物；任主观之观察，而未尝从客观之分析；尽人事之繁变，而未暇究物理之纷纭。取材既简，为用不宏，则数千年来停顿幽沉而无一线曙光之发见，又何怪乎！③

梁启超的老师康有为二十七岁那年，曾有过显微镜下的“震惊”体验：看见巨大的蚂蚁就像大象，菊花的一个花瓣仿佛芭蕉叶；一滴水里面，就有无数的小生物，其中还有麒麟角一样的，弯弯曲曲如蛟龙一般。这让他领悟到了“大小齐同之理”，光电一秒数十万里的速度，又让他悟出了“久速齐同之理”，于是“知至大之外，尚有大者，至小之内，尚包小者，剖一而无尽，吹万而不同”④。前述梁启超的好友孙宝

---

① 邓实：《国学保存论》，《政艺通报》第 3 年第 3 号，1904 年 3 月 31 日，转引自罗志田《学无常师》（上），《读书》2010 年第 6 期。

② 梁启超：《论佛教与群治之关系》（1902 年 12 月 30 日），载《梁启超全集》（第 10 集），第 844 页。

③ 任鸿隽：《吾国学术思想之未来》，《科学》1916 年第 2 卷第 12 期。

④ 康有为：《康南海自编年谱（外二种）》，楼宇烈整理，中华书局，1992 年，第 12 页。

瑄就曾和夏曾佑“谈及格致之学可作佛书之凭据，亦可正佛书之讹谬，其讹谬殆为门弟子追录佛言附会之辞”①，并与谭嗣同、梁启超、汪康年、宋恕等人聚会谈及“近日格致之学多暗合佛理，人始尊重佛书，而格致遂与佛教并行于世”②。所以，当整个世界“物质文明烂熟，而‘精神上之饥饿’益不胜其苦痛”的时候，“佛教哲学，盖应于此时代要求之一良药也”③。

在此之外，还得言及外由，即日本佛教（学）界的影响。这源于中国知识人对于日本明治维新的误读，将佛教及其精神视为其革新成功的重要推动力，乃至近代化的动力。在读过《明治新史》后，孙宝瑄就曾表示：“日本维新改法，而于释氏一教未尝废之，故于明治二年，犹许本愿寺僧徒至北海道教导其民。但布告寺院，厘正宗规，各守僧律而已。及后学校规模大定，而内典亦设一课，卒使佛学大兴。东土为功，岂浅鲜哉！”④ 梁启超也曾和日本佛学界人士，如井上圆了等有过交往。在《新民说·论自由》中，他表达了禅宗之于日本维新的功用：“日本维新之役，其倡之成之者，非

---

① 孙宝瑄：《忘山庐日记》（上册），上海：上海人民出版社，2015 年，第 126 页。

② 孙宝瑄：《日益斋日记》，本年日记已佚，转引自丁文江、赵丰田编《梁启超年谱长编》，上海：上海人民出版社，2009 年，第 38 页。

③ 梁启超：《清代学术概论·三十三》，载《梁启超全集》（第 10 集），第 295 页。

④ 孙宝瑄：《忘山庐日记》（上册），上海：上海人民出版社，2015 年，第 269 页。

有得于王学，即有得于禅宗。”①

柳诒徵曾言“一时代有一时代之中心人物”，然而“各方面与之联系，又各有其特色，或与之对抗，或为之赞助”，但是“妙在每一事俱有纵贯横通之联络，每一人又各有共性个性之表现”②。在梁启超佛学接受上亦可作如是观。身处“过渡时代”，他的接受与发明自然有着时代的共性，而其知识背景、学问渊源、交游经历乃至个人遭遇，又决定了其独特个性。

二、梁启超的佛学接触史

如何较为合理地分析梁启超佛学认识的阶段特征，并找寻一个论述的框架呢？除却系统阅读现有的《饮冰室合集》和《梁启超全集》，归纳整理并作出经验判断外，借助计算机光学字符识别技术，辅以数字人文计量统计或许能够得到一个较为客观的认识。于此，笔者对中国人民大学出版社出版的20卷《梁启超全集》进行了一个统计：

---

① 梁启超：《新民说·论自由》（1902年5月8、22日），载《梁启超全集》（第2集），第571页。

② 柳诒徵：《国史要义》，上海：华东师范大学出版社，2000年，第106—107页。

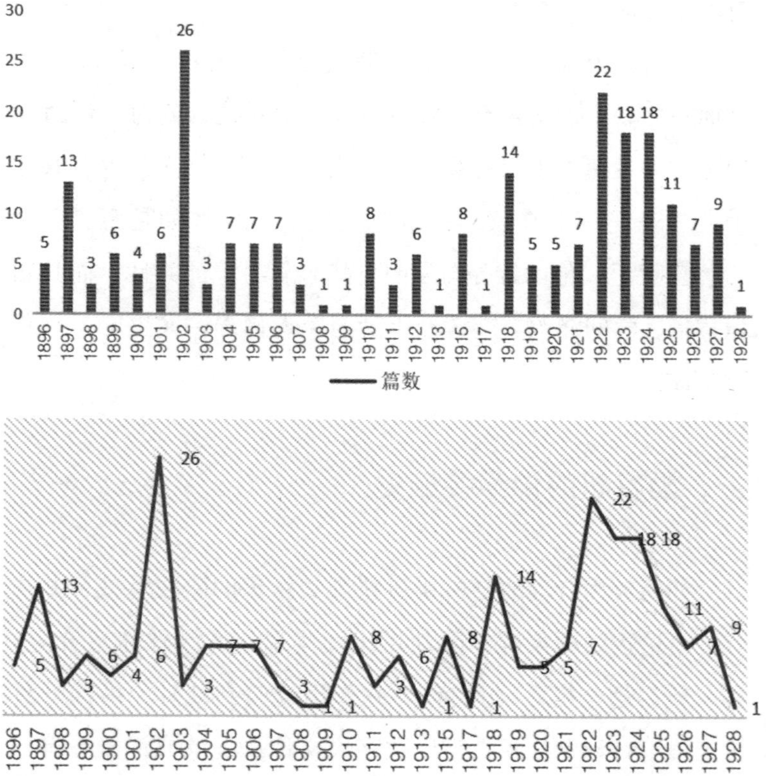

图 3－2－1 汤志钧、汤仁泽编《梁启超全集》佛学话语
相关篇目柱状统计图及折线趋势图

是图以梁启超逐年文章中关涉佛教“话语”的篇目数量为依据，起点是 1896 年，在此之前几无佛教关涉。第一个突变点比较明显，是在 1902 年，其次便是 1920 年代，而两者之间的年份虽未有间断，但整体上没有前后期那么具有典型性。因之，梁氏与佛教之因缘，亦大致可以分为前后两个大的时段来加以论述。

（一）“平生风义兼师友”①

如本书第一章所梳理的那样，梁启超幼年时期的阅读，受家庭教育影响颇深，仍是以儒家经典及科举之学为中心。他与佛学的相遇，是在接触乃师康有为等一众师友以后的新变。1902年，30岁的梁启超追述他与乃师康有为的见面，所描述的场景即带有相当的佛教色彩：“于是乃因通甫修弟子礼事南海先生。时余以少年科第，且于时流所推重之训诂词章学，颇有所知，辄沾沾自喜。先生乃以大海潮音，作狮子吼，取其所挟持之数百年无用旧学，更端驳诘，悉举而摧陷廓清之。自辰入见，及戌始退，冷水浇背，当头一棒，一旦尽失其故垒，惘惘然不知所从事，且惊且喜，且怨且艾，且疑且惧，与通甫联床，竟夕不能寐。”② 这种震撼，或许让他联想起宋儒朱熹所说的“一棒一条痕，一掴一掌血”③，比拟日后他研读的禅宗经典，“一棒一喝，皆利用此刺激力以度人者也”④。

康有为在万木草堂讲学，主要讲授的是中国学术源流与

---

① 化用李商隐《哭刘蕡》诗句。

② 梁启超：《三十自述》（1902年12月），载《梁启超全集》（第4集），第108页。

③ 梁启超：《答梁漱溟书》（1926年10月1日），载《梁启超全集》（第19集），第293页。

④ 梁启超：《论小说与群治之关系》（1902年11月14日），载《梁启超全集》（第4集），第50页。

历代政治的沿革和得失问题。康氏在授课时经常提及佛学的博大精深，透过其时康氏弟子的笔记，我们或可考察一下其中的佛教元素。今人据康氏弟子笔录整理有《万木草堂口说（外三种）》，经过技术处理后，仅考察万木草堂时期的“口说”部分，发现“学术源流”、“孔子改制”、 “洪范”、“易”、“礼制”、“礼”、“禘祫”①、“禘尝”②、“礼运”、“王制”、“中庸”、“诸子”、“孟荀”、“荀子”、“春秋繁露”（授课两次）、“汉书艺文志”、“律历”、“乐学”、“经策”、“文章源流”、“文章”、“文学”、“论文”、“骈文”、“赋学”、“八股源流”、“袁稿”、“墨子”、“列子”诸部分，随处可见佛学内容的征引，或相比附，或援以阐释，亦可窥见近代佛学转型的影子。对于中国古代礼仪习俗，康有为说：“正五九不用事者，佛法也。拜神用香，佛法也。丧事用七，亦佛法也。”③ 诸种学问，他这样比附，“陆子之学，专以悟为宗，如膜中烈日，此佛学也”④，“庄子发挥佛氏轮回之说，如火灭薪传、虫臂鼠肝之类”⑤，并将佛教人物与儒家人物比拟，“佛学至今已无教矣。达摩如儒之刘歆，六祖如郑康成。

---

① 古代吉礼的一种。《礼记·曾子问》：“祫祭于祖，则祝迎四庙之主。”

② 禘礼与尝礼的并称。《礼记·中庸》：“明乎郊社之礼，禘尝之义，治国其如诸掌乎！”

③ 康有为：《万木草堂口说（外三种）》，姜义华、张荣华编校，北京：中国人民大学出版社，2010 年，第 5 页。

④ 康有为：《万木草堂口说（外三种）》，姜义华、张荣华编校，北京：中国人民大学出版社，2010 年，第 12 页。

⑤ 康有为：《万木草堂口说（外三种）》，姜义华、张荣华编校，北京：中国人民大学出版社，2010 年，第 20 页。

日本佛尚有教。中国则宗耳，宗有十派”[①]，“以佛之聪明，尚托于七佛。安有七佛之事哉？孔子之托古，亦此意耳”[②]，“魏文侯，如罗马之特提纳。汉武帝，如佛之阿唷大天王”[③]，“佛言法相端好，孔子亦然”[④]。由此可见，万木草堂的学问构成中，佛学元素占了相当一部分比重。

总的来说，万木草堂时期梁启超的知识体系更多是一种被动接受，正如他在 1897 年 4 月 11 日写给夏曾佑信中所说的那样：“启超近读经[⑤]，渐渐能解，（亦不能尽解，解者渐多耳。）观《楞伽记》，于真如生灭两门情状，似仿佛有所见，然不能透入也。大为人事所累，终欠受六根驱役不能自主，日来益有堕落之惧。（日夕无一刻暇，亦静坐之时而无之，靡论读经。）”[⑥] 但万木草堂丰富的藏书、同门之间的辩难切磋，自然能够让他广泛涉猎，融合诸学，学问进步。

朋辈之间的切磋研习也是梁启超“发现”佛学的重要渊源，被梁启超称为“龙象”之一的曹泰便于佛学深有心得。而研习《公羊传》，点读《资治通鉴》《宋元学案》《诸子语

---

① 康有为：《万木草堂口说（外三种）》，姜义华、张荣华编校，北京：中国人民大学出版社，2010 年，第 21 页。

② 康有为：《万木草堂口说（外三种）》，姜义华、张荣华编校，北京：中国人民大学出版社，2010 年，第 31 页。

③ 康有为：《万木草堂口说（外三种）》，姜义华、张荣华编校，北京：中国人民大学出版社，2010 年，第 34 页。

④ 康有为：《万木草堂口说（外三种）》，姜义华、张荣华编校，北京：中国人民大学出版社，2010 年，第 36 页。

⑤ 指佛经。

⑥ 梁启超：《致夏曾佑书》（1897 年 4 月 11 日），载《梁启超全集》（第 19 集），第 477 页。括号中的内容是原文中作者的解释说明文字。

类》，加以时时习古礼，自然让好奇兴炽烈而又求知欲旺盛的青年们感到枯燥。于是，梁启超遂和陈千秋一起研学周秦诸子并旁涉佛典。公车上书以后，梁启超随康有为组织强学会，与麦孺博、江孝通、曾刚甫、夏穗卿、曾重伯等人交往甚密，“文酒之会不辍，更喜谭佛学”①。

这一时期值得注意的是一张被称为“七贤图”的相片。光绪二十二年丙申八月十九（1896 年 9 月 25 日），梁启超（卓如）与孙宝瑄（仲愚）、谭嗣同（复生）、宋恕（燕生）、吴嘉瑞（雁舟）、汪康年（穰卿）、胡庸②（仲巽）等七人于上海光绘楼照相馆同映一像，“或趺坐，或倚坐，或偏袒左臂右膝著地，或踞两足而坐，状类不一”③。五天前，当事人之一的孙宝瑄还曾在“一品香”宴请好友谭嗣同、梁启超、汪康年、宋恕等人，并且一起交流“格致”和“佛学”，大家认为“近日格致之学多暗合佛理，人始尊重佛书，而格致

---

① 梁启勋：《曼殊室戊辰笔记》，转引自丁文江、赵丰田编《梁启超年谱长编》，上海：上海人民出版社，2009 年，第 26 页。

② 即胡惟贤，曾用名胡庸、胡惟志。

③ 孙宝瑄：《日益斋日记》，本年日记已佚，转引自丁文江、赵丰田编《梁启超年谱长编》，上海：上海人民出版社，2009 年，第 38 页。据网友考证，“上海光绘楼照相馆 1890 年开张，店址在四马路（今福州路）和四川中路的路口，大概在 1899 年停业。沿着四马路往西走，在第四个大路口，即福建中路路口的南怀仁里，有一家新报馆在这张照片拍摄前一个月刚成立，即《时务报》，经理汪康年，主编梁启超。也就是说，极大的可能是 1896 年 9 月 25 日的那天下午，孙宝瑄和谭嗣同去探班他们好朋友的这家新报馆，然后七人一同往东走，去了大概七百米外的光绘楼拍下了这张合影。”参见 https：//jiuyingzhi. com/antiquephotos/6124. html（2024 年 4 月 15 日检索）。

遂与佛教并行于世”①。一年后，当事人回忆起来，仍回味无穷：“其人多喜圆教统，志游觉海，一日皆于光学中现身。乃为偈云：幻影本非真，顾镜莫狂走。他年法界人，当日竹林友。”② 佛学与光学（科学）在这一群维新青年的身上得到了奇妙的耦合。

图3-2-2　“七贤图”　1896年9月25日（农历八月十九日），上海光绘楼摄

（后排左起）汪康年、孙宝瑄、宋恕、谭嗣同

（前排左起）梁启超、胡庸、吴嘉瑞

这也表现在他们日常的交流之中，其常将佛学与科学相

---

① 孙宝瑄：《日益斋日记》，本年日记已佚，转引自丁文江、赵丰田编《梁启超年谱长编》，上海：上海人民出版社，2009年，第38页。

② 孙宝瑄：《忘山庐日记》（上册），上海：上海人民出版社，2015年，第91页。

比拟。孙宝瑄那段时间就经常去时务报馆。1896 年 8 月 24 四，他先去时务报馆，后又与梁启超、吴雁舟一起去了徐园。花石盘绕，亭榭极闲，三人品茗游园。孙宝瑄突然发问成佛以后是否还会再次陷入堕落的境地，吴雁舟则回答，一旦觉悟就不再迷惑了。孙宝瑄于是又追问：那么迷惑之前曾经觉悟过吗？吴雁舟回答：没有。并且拿炼铁作比喻说明道理，就像矿石经过提炼才能成为贵金属，人也需要经历从迷惑到觉悟的过程。在这个过程中，人不会陷入堕落，反而会不断提升自己，达到更高的境界①。还有一次，孙宝瑄和夏曾佑一起乘车到天宁寺，"谈及格致之学可作佛书之凭据，亦可正佛书之讹谬，其讹谬殆为门弟子追录佛言附会之辞"②。由此，亦可见对于佛教的"崇拜迷信"，已经深入新学家的日常生活与交游之中，成为一种时代风气。

人事的聚合，加之他们之间无论是学识渊源抑或政治倾向，都存在着难以弥合的间隙，因之，对梁启超而言，能留下深刻印象的，除了老师康有为，或许还有夏曾佑和谭嗣同："启超屡游京师，渐交当世士大夫，而其讲学最契之友，曰夏曾佑、谭嗣同。曾佑方治龚、刘今文学，每发一义，辄相视莫逆。……嗣同方治王夫之之学，喜谈名理，谈经济，及

---

① 参孙宝瑄：《日益斋日记》，本年日记已佚，转引自丁文江、赵丰田编《梁启超年谱长编》，上海：上海人民出版社，2009 年，第 38—39 页。

② 孙宝瑄：《忘山庐日记》（上册），上海：上海人民出版社，2015 年，第 126 页。

交梁启超，亦盛言大同，运动尤烈。而启超之学，受夏、谭影响亦至巨。”①

夏曾佑（1863—1924），字穗卿，号碎佛。曾与严复、王修植创办《国闻报》，宣扬维新事业，名噪一时，《本馆附印说部缘起》②、《小说原理》可以称为近代“小说界革命”的重要理论篇章。此外还出版有史学著作《最新中学历史教科书》（即《中国古代史》），亦影响深远。梁启超在追忆时，直称“穗卿是晚清思想界革命的先驱者。穗卿是我少年做学问最有力的一位导师”③。

从夏氏自撰《生平所学》④ 及《手钞藏书书目二种》⑤中，我们可以窥见其知识结构的某些方面。《生平所学》撰写时间最晚不超过光绪二十年（1894），收书552种，当为夏氏早年所购及家藏图书之目录。从段落标记符号来看，作者有意识地将它们进行了目类区分，依照佛学、新学以及传

---

① 梁启超：《清代学术概论·二十五》，载《梁启超全集》（第10集），第277页。

② 几道、别士：《本馆附印说部缘起》，《国闻报》光绪二十三年（1897年）十月十六日至十一月十八日。梁启超曾说：“近十年来，社会上早忘却有夏穗卿其人了。穗卿也自贫病交攻，借酒自戕。正是李太白诗说的‘君平既弃世，世亦弃君平’。连我也轻容易见不着他一面，何况别人。但是，若读过十八九年前的《新民丛报》和《东方杂志》的人，当知其中有署名别士的文章，读起来令人很感觉他思想的深刻和卓越。‘别士’是谁？就是穗卿。”梁启超：《亡友夏穗卿先生》（1924年4月23日），载《梁启超全集》（第17集），第319页。

③ 梁启超：《亡友夏穗卿先生》（1924年4月23日），载《梁启超全集》（第17集），第319页。

④ 夏曾佑：《生平所学》，载杨琥编《夏曾佑集》（下册），上海：上海古籍出版社，2011年，第1110—1124页。

⑤ 夏曾佑：《手钞藏书书目二种》，载杨琥编《夏曾佑集》（下册），上海：上海古籍出版社，2011年，第1125—1144页。

统的四部依次排列。《手钞藏书书目二种》撰写于1899年左右，共计收书607种。有学者认为，两份书目前后相差仅5年，出入并不大，最明显的差别是后者减少了所谓“时文”（八股文）书，却增加了少量的“新学”（图书与报刊）、佛学与戏曲书目①。经统计，《生平所学》书目表中，与佛学相关者计77种。既然名之为“所学”，应该是甲午之前夏氏寓目过的书，这也符合夏氏后学的回忆，“先生于古今中外学术、宗教、文艺之渊源派别，窥其微奥，得其会通，尤邃于佛典。时内典由日本东渡，如《窥基》《唯识》《嘉祥》三论，《光宝》《俱舍》，皆中土久佚之书，先生皆尽见之。与嘉兴沈子培曾植、同邑张孟劬尔田谈佛，昕夕不倦，故自号碎佛”②。梁启超也说：“近世认识‘唯识学’价值的人，要算他头一个。”③

梁、夏二人最初相见是在光绪十八年（1892）。是年，梁启超入京会试，年长十岁（彼时梁启超年方十九）的夏曾佑其时正是礼部主事。对于举座之中尚不起眼的梁启超，夏曾佑的印象是“草草致一揖，仅足记姓氏”，“了不相关”④。

---

① 参见梁苍泱：《新学、新眼与近代文人新知识统系的建构——以夏曾佑的阅读记录为中心》，《中华文史论丛》2021年第3期。

② 受业夏循垍撰稿：《夏先生穗卿传略》，载杨琥编《夏曾佑集》（下册），上海：上海古籍出版社，2011年，第1147页。

③ 梁启超：《亡友夏穗卿先生》（1924年4月23日），载《梁启超全集》（第17集），第319页。

④ 梁启超：《亡友夏穗卿先生》（1924年4月23日），载《梁启超全集》（第17集），第320页。

两人的深交，是在两年后的光绪二十年（1894）。因为毗邻之故，两人几乎没有一天不见面，见面就交谈学问。虽然多以争辩结束，但梁启超每每能够被夏氏的学问所折服，最终两人达成较为一致的意见。由于同气相求，对学问的无限追求、对宇宙缥缈之思的不懈追问、主观的冥想、朋友间的辩难，是那时他们获取新知的一种颇为有趣的方式。

相习日久，便生出变革的思想来。他们认为汉以后的学问都不值得学习，外来的学问胜过本土，所以专门研习各经的正文。除此之外，便是周秦诸子。因为不懂外语，便去读教会翻译的书，加之主观的愿望，梁启超总结那时的思想"似宗教非宗教，似哲学非哲学，似科学非科学，似文学非文学的奇怪而幼稚的理想"[①]，而他们所标榜的"新学"大概就是这三种元素的混成。

也正是在这个时候，梁启超认识了对自己佛学研究影响颇深的好友——谭嗣同。据梁启勋日记，梁、谭相识当在光绪二十一年（1895）[②] 旅居京城、创办强学会的时候。此时，梁启超居会所数月，强学会购置了大量的西书，让他得以尽情阅览，并且生发出著述的愿望。同样热衷"新学"并寄希望于变革的谭嗣同成为他的好友也就不奇怪了。谭氏的居所

① 梁启超：《亡友夏穗卿先生》（1924 年 4 月 23 日），载《梁启超全集》（第 17 集），第 322 页。

② 梁启超和梁启勋均记作"乙未"（1895），全集整理者认为谭嗣同和梁启超的初次晤见，应在"丙申三月"（1896）（编者据《汪穰卿先生师友书札》第 1 集，第 474 页，版本未详）。

时在北半截胡同浏阳馆，梁启超在粉坊琉璃街新会馆，夏曾佑则租住在贾家胡同。谭嗣同的加入，使三人的辩难更加频繁，“衡宇望尺咫”，直称“吾党”①。在写给康有为的一封信中，梁启超称：“谭服生②才识明达，魄力绝伦，所见未有其比，惜佞西学太甚，伯里玺③之选也。因铁樵相称来拜，公子之中，此为最矣。”④ 戊戌东渡以后，梁启超曾有《谭嗣同传》这样评价：

> 君资性绝特，于学无所不窥，而以日新为宗旨，故无所沾滞，善能舍己从人，故其学日进，每十日不相见，则议论学识必有增长。少年曾为考据、笺注、金石、刻镂、诗、古文辞之学，亦好谈中国古兵法。三十岁以后，悉弃去。究心泰西天文、算术、格致、政治、历史之学，皆有心得。又究心教宗。当君之与余初相见也，极推崇耶氏兼爱之教，而不知有佛，不知有孔子，既而闻南海先生所发明《易》、《春秋》之义，穷大同太平之条理，体乾元统天之精意，则大服；又闻《华严》性海之说，而悟世界无量，现身无量，无人无我，无去无住，无垢

---

① 梁启超：《亡友夏穗卿先生》（1924 年 4 月 23 日），载《梁启超全集》（第 17 集），第 320 页。但需要注意的是，这里的“党”是立足于学术、学问的相近关系而言的。

② 即“复生”，谭嗣同，字复生。

③ 英语 President 的译音，意为“掌理玉玺、享有天德的人”。

④ 梁启超：《上康有为书》（1896 年 4 月后），载《梁启超全集》（第 19 集），第 168 页。

> 无净，舍救人外更无他事之理；闻相宗识浪之说，而悟众生根器无量，故说法无量，种种差别，与圆性无碍之理，则益大服。自是豁然贯通，能汇万法为一，能衍一法为万，无所罣碍，而任事之勇猛亦益加。①

在《清代学术概论》中，梁氏称谭嗣同为“晚清思想界一彗星”②。谭嗣同作《仁学》时，每成一篇，遂与梁启超切磋琢磨，因而，在治佛学方面，梁启超认为“复生所以砥砺之者良厚”③。谭嗣同幼年时喜作骈文，得以窥见“今文学”的奥妙。他的诗中有“汪（中）魏（源）龚（自珍）王（闿运）始是才”一句，从中可以得见他所向往的学问和思想脉络。他又心许王夫之的学问，喜欢谈论名理。梁启超认为，谭嗣同的思想和学术有两次大的转变，“自交梁启超后，其学一变；自从杨文会闻佛法，其学又一变”④。谭嗣同曾经将自己年轻时的诗文集在一起，刻印出版，题为《东海褰冥氏三十以前旧学》，表示今后不再从事这方面的研究了，而他所谓的“新学”，即《仁学》一书：

---

① 梁启超：《谭嗣同传》（1899 年 1 月 22 日），载《梁启超全集》（第 1 集），第 594—595 页。

② 梁启超：《清代学术概论·二十七》，载《梁启超全集》（第 10 集），第 282 页。

③ 梁启超：《三十自述》（1902 年 12 月），载《梁启超全集》（第 4 集），第 109 页。

④ 梁启超：《清代学术概论·二十七》，载《梁启超全集》（第 10 集），第 282 页。

《仁学》之作，欲将科学、哲学、宗教冶为一炉，而更使适于人生之用，真可谓极大胆极辽远之一种计画。此计画，吾不敢谓终无成立之望，然以现在全世界学术进步之大势观之，则似为期尚早，况在嗣同当时之中国耶？嗣同幼治算学，颇深造，亦尝尽读所谓“格致”类之译书，将当时所能有之科学知识，尽量应用。又治佛教之“唯识宗”、“华严宗”，用以为思想之基础，而通之以科学。又用今文学家“太平”、“大同”之义，以为“世法”之极轨，而通之于佛教。嗣同之书，盖取资于此三部分，而组织之以立己之意见。其驳杂幼稚之论甚多，固无庸讳；其尽脱旧思想之束缚，戛戛独造，则前清一代，未有其比也。①

基于此，梁启超将谭嗣同比作牛顿（奈端），认为“英奈端倡‘打破偶像’之论，遂启近代科学。嗣同之‘冲决罗网’，正其义也”②。从梁启超的表述中，对于佛学的“偏至”，亦是一种群体间的互相启发与影响。佛学已经成为一种思想、学术资源，经由此，形成了一种“知识共同体”。

---

① 梁启超：《清代学术概论·二十七》，载《梁启超全集》（第10集），第282页。

② 梁启超：《清代学术概论·二十七》，载《梁启超全集》（第10集），第282页。

丙申（1896）、丁酉（1897）年间，梁启超、夏曾佑、谭嗣同三人曾一起提倡一种新体诗。所谓“新体”，即喜欢挦扯新名词以自表异，那是因为这时三人颇沉醉于宗教，“崇拜迷信之极，乃至相约以作诗非经典语不用”①。仔细推敲梁氏的话语，他所述的“经典”，泛指的即佛教、孔教以及耶教三教的“经”。

（二）“东学供新眼”②

除却师友间的切磋琢磨外，日本佛教界人士及其相关著作的影响亦不容忽视。谭嗣同曾细致考察过日本明治维新的思想资源，确认佛教在其中发挥了重要作用，他认为“日本素以佛教名于亚东，几无不通其说者。近日南条文雄诸人至分诣绝域，遍搜梵文古经，成梵文会，以治佛学。故日本变法之易，繄惟佛教隐为助力，使变动不居，以无胶固执着之见存也”③。《仁学》，亦题曰《台湾人所著书》，陆续于1896至1897年间写成。书成之后，谭嗣同自藏其稿，但抄写了一个副本给梁启超，后经梁启超在日本印行发布，始传于世。戊戌政变之后，庚子年（1900）又发生义和团暴动，清室日

① 梁启超：《饮冰室诗话·六〇》（1903年4月11日），载《梁启超全集》（第3集），第207页。

② 化用梁启超《壮别二十六首（其四）》诗句“文物供新眼”，参见《梁启超全集》（第17集），第584页。

③ 谭嗣同：《仁学·三九》，载《谭嗣同集》整理组整理《谭嗣同集》（下册），杭州：浙江古籍出版社，2018年，第376页。

益显现出衰颓的气象来。于是乎，青年学子争相到海外求学思变，又因为日本临近中国，所以赴日留学的逐渐增多。

1898年，梁启超变法失败，逃亡日本。在此期间，梁氏大量阅读东书（含译书），几个月后，他便感慨："哀时客既旅日本数月，肄日本之文，读日本之书，畴昔所未见之籍纷触于目，畴昔所未穷之理腾跃于脑。如幽室见日，枯腹得酒。"① 在《夏威夷游记》里他更是毫不掩盖读日本书和报刊给自己带来的思想改变和学问的增进："自居东以来，广搜日本书而读之，若行山阴道上，应接不暇，脑质为之改易，思想言论，与前者若出两人。每日阅日本报纸，于日本政界学界之事，相习相忘，几于如己国然。"② 稍后几年内，壬寅（1902）、癸卯（1903）间，译述的事业十分兴盛，定期出版的杂志也有十几种，"日本每一新书出，译者动数家。新思想之输入，如火如荼矣"③。梁氏虽未明确说明这时他所阅读的书有哪些，但从此时文章中出现的高频词以及他所引述的相关话语，佛学应是其中一个重要方面。如《新民说·论自由》中所言，"日本维新之役，其倡之成之者，非有得于王学，即有得于禅宗"④。

---

① 梁启超：《论学日本文之益》（1899年4月1日），载《梁启超全集》（第1集），第704页。

② 梁启超：《夏威夷游记》，载《梁启超全集》（第17集），第259页。

③ 梁启超：《清代学术概论·二十九》，载《梁启超全集》（第10集），第287页。

④ 梁启超：《新民说·论自由》（1902年5月8、22日），载《梁启超全集》（第2集），第571页。

据推测，至迟在1899年日本的“哲学大会”上，梁启超就经姉崎正治的介绍与日本佛学家井上圆了结识。1902年，梁氏在所著《东籍月旦》“伦理学”部分，曾这样介绍井上的《伦理通论》：

> 《伦理通论》　二册　文学博士井上圆了著
>
> 定价一圆二角
>
> 此书以明治二十年出版，距今十有五年。就日本人读之，觉其已成刍狗，然适合于我国今日之用。全书共九篇：第一篇绪论，凡廿三章；第二篇论人生之目的，凡十七章；第三篇论善恶之标准，凡十八章；第四篇论道德本心，凡十八章；第五、第六篇皆论人事进化，凡三十一章；第七、第八篇条举各家异说，凡三十六章；第九篇诸说分类，凡十三章；未附伦理学者年代考。此书就本学各种问题分类，与元良氏之著体例不同，其叙诸家学说，极为简明，读之可以见源流派别，而知今日所考定诸新道德非漫无依据也。①

此书虽于日本人已成刍狗旧作，但对“我国今日”之“用”则犹有价值，想来梁氏对此书应有细致了解。《新民丛

① 梁启超：《东籍月旦》（1902年6月6日、7月5日），载《梁启超全集》（第3集），第470页。

报》第11号曾就“高邮戛戛子”的“日本维新得益于禅宗”作出回答：

（十一）问：第八号“论说”第七页：日本维新之役，其倡之成之者，非有得于王学，即有得于禅宗。不知王学何派，禅宗何派？主王学、禅宗者何人？日本近日若伊藤、井上辈，曾主王学及禅宗否？望明示之。（高邮戛戛子）

（十一）答：日本维新之先导，最有力量者，如梁川星岩、大盐中斋、横井小楠、佐久间象山、吉田松阴、高杉东行等，皆王学大师也，成功最盛者为西乡南洲，亦王学巨子也。若伊藤、井上等后辈之乘时者耳，然伊藤及前首相山县有朋、现首相桂太郎等，皆吉田松阴之门人，其学固自有渊源也。王学与禅宗本相出入，故当时诸学者亦得力于禅宗，而日本佛学最盛，维新之功，方外人助力者固不少。（本社）①

梁启超的解释带有从自己的知识背景出发，以旧有的知识仓库来接近所谓“新学”的痕迹：之所以日本维新志士都喜好禅宗，是因为“王学”与“禅宗”有相似之处，故而当时的学者能够从禅宗那里得到诸多启发。同时，佛学影响广泛，

① 《问答》（1902年7月5日），载《梁启超全集》（第3集），第112页。

在日本维新变革中，宗教界人士的助力亦不可忽视。

在写作《论中国学术思想变迁之大势·佛学时代》第三节“诸宗略纪”时，梁启超便坦言该节是按照日本人所著图书“东抄西凑”而成：

> 鄙人虽好佛学，然实毫无心得，凡诸论述，皆贫子说金之类而已。此节所记历史，据日本人所著《八宗纲要》、《十二宗纲要》、《佛教各宗纲领》等书獭祭而成，非能自记忆自考证也。但合彼十数万言之书，撮为数叶，亦颇劬耳。此等干燥无味之考据，知为新学界所不喜。但此亦是我国学术思想一大公案，学者所不可不知也。最而录之，亦足以省翻检之劳云尔。著者识。①

当然，化用与整合在梁启超的文章和著述中早已多见不怪，只不过有些说明了出处，有些则属于“译述”或今人所谓“编译”。如此坦然承认该文由日本佛学著作杂凑而来，至少可见日本佛学界及其著作在他心中引起的震撼。

1903年《近世第一大哲康德之学说》的开头，梁氏曾有追述：“吾昔见日本哲学馆，有所谓四圣祀典者，吾骇焉，稽其名，则一释迦，二孔子，三梭格拉底，四康德也。其比

---

① 梁启超：《论中国学术思想变迁之大势·佛学时代》（1902年11月30日），载《梁启超全集》（第3集），第77页。

拟之果伦与否，吾不敢言，即其不伦，而康德在数千年学界中之位置，亦可想见矣。作康德学说。”[①] 他所说的哲学馆即由井上圆了创建，据此二人应当有实际的交往。

（三）佛学史研究

在悼念亡友夏穗卿的文章中，梁启超曾表示要仿照阎百诗的《古文尚书疏证》体例，著一部《佛顶楞严经疏证》[②]，可见他对于佛学的兴趣已经由比附、修心上升到了研究的地步。这其中，自然有时代风气的影响，本质上仍未脱离他自己史学研究的癖好，“顾夙好治佛学史”[③]，并且认为“吾以为今后而欲昌明佛法者，其第一步当自历史的研究始”[④]。

梁氏较早系统关涉佛学史的论著是《论中国学术思想变迁之大势》，在“总论”部分，他将我国数千年学术思想划分为八个时代：

> 一、胚胎时代，春秋以前是也；二、全盛时代，春秋末及战国是也；三、儒学统一时代，两汉是也；四、

---

① 梁启超：《近世第一大哲康德之学说》（1903年2月11日—1924年2月14日），载《梁启超全集》（第4集），第126页。

② 梁启超：《亡友夏穗卿先生》（1924年4月23日），载《梁启超全集》（第17集），第323页。

③ 梁启超：《佛家经录在中国目录学之位置》（1925年12月12—14日），载《梁启超全集》（第10集），第756页。

④ 梁启超：《〈大乘起信论〉考证》（1922年9月26日—10月7日），载《梁启超全集》（第10集），第651页。

老学时代，魏、晋是也；五、佛学时代，南北朝、唐是也；六、儒、佛混合时代，宋、元、明是也；七、衰落时代，近二百五十年是也；八、复兴时代，今日是也。其间时代与时代之相嬗，界限常不能分明，非特学术思想有然，即政治史亦莫不然也。一时代中或含有过去时代之余波与未来时代之萌蘖，则举其重者也。[①]

从上面的划分来看，梁氏认为自南北朝起讫明季，佛学（教）均有着一定的影响力，特别是南北朝和唐朝，可称为“佛学时代”。对于有人认为佛学是外来的学问，并非我国本土固有的学问，将其列入中国学术思想史恐怕不合适的问题，梁启超对偏颇之处进行回应：“凡学术苟能发挥之、光大之、实行之者，则此学即为其人之所自有。”[②] 譬如我们到外地去游学，对于所学的东西如果能融会贯通，能够领会接受，感到亲切有味，成为自己的东西，那么，能说这种学问仍然是别人的而不是自己的吗？一个人如此，一个国家也是这样。如果一定要认为本国固有的学问才算作学问，那么，像北欧各国，曾经没有固有的文明，只是学习希腊、罗马和犹太的文明，那么他们的学术史，最终就不能成立了。又如日本，

---

① 梁启超：《论中国学术思想变迁之大势·总论》（1902 年 3 月 10 日），载《梁启超全集》（第 3 集），第 17 页。

② 梁启超：《论中国学术思想变迁之大势·佛学时代》（1902 年 11 月 30 日），载《梁启超全集》（第 3 集），第 69 页。

曾经没有固有的文明，只是学习我国和欧洲的文明，那么他们的学术史，更不能成立了。所以，评论学术，只应当看这种学问能否代表当时一个国家的思想，而不必看这种学问是否原来就出于本国。

破除学术渊源的成见是梁启超将“佛学”作为中国学术思想史的一部分来进行论述的前提。他认为中国吸收外来学术与日本不同。日本是个小国，并且没有固有的学术，所以每当有外来学术思想传入，便很快地趋向它、接受它，如同回声一样迅速，转眼之间便遍布全国。尽管如此，就它接受外来学术的容量来说，充其量也只不过是模仿别人而已，终究不能在外来学术之外，自己再有所增益，有所创造。中国却不是这样。中国是个大国，并且有数千年流传下来的学术传统，壁垒森严，完整无缺，所以外来学术思想的侵入十分有限，即使侵入进来了，经过几十年，甚至几百年的时间，仍常常不能动摇原有思想。因之，中国如果不接受外来学术也就算了，如果接受了，一定能够尽量吸取它的长处来滋养自己，并且改变我们原有的本质，使它更加神妙，创造出一种我们自己的新文明来。由此可见，梁氏创建“中国的”佛学史的学术雄心，根本上是想要借助佛学创造一种新的文明。

在演说《治国学的两条大路》中，他认为研究国学应该有两条应走的大路：一、文献的学问（应该用客观的科学方法去研究）；二、德性的学问（应该用内省的和躬行的方法去研究）。基于此，他认为国学的第一源泉是儒学，此外的第二源泉，即是佛教。佛教，本传于印度，但是在中国发扬光大。禅宗，便可以说是将佛教应用于实际生活的典范。儒家和佛教的主要区别在于，儒家更侧重于关注现世，佛教则更侧重于追求出世。然而，它们的共同目标都是希望世人在精神方面获得完全自由。人类可能受到外界束缚和他人的压迫，但总有办法解除这些束缚。相反，最可怕的却是“心奴”，即自己成为自己的奴隶。儒家和佛教都通过许多教诲来教导人们如何摆脱精神上的束缚，成为一个真正自由的人。在这方面，佛教的阐述更为深入。梁氏据此认为佛教是全世界文化的最高产物，今后佛教的益处将会遍布全球，因此，我们更应当珍惜祖先给我们留下的这份遗产，“因为这是人生唯一安身立命之具”，“有了这种安身立命之具，再来就性之所近的，去研究一种学问，那么，才算尽了人生的责任”①。

梁启超曾计划撰写一部《中国佛学（教）史》，但似乎最终未有同名著作问世。1920 年 11 月 29 日《清代学术概论·第二〈自序〉》云：“久抱著中国学术史之志，迁延未成。……于是决意为之，分为五部：其一，先秦学术；其二，两汉六朝经学及魏晋玄学；其三，隋唐佛学；其四，宋明理学；其五，则清学也。今所从事者则佛学之部，名曰《中国

① 梁启超：《治国学的两条大路》（1923 年 1 月 9 日），载《梁启超全集》（第 16 集），第 49 页。

佛学史》，草创正半。”[①] 在《印度史迹与佛教之关系》中亦有“佛灭度时，摩竭陀王为阿阇世。其人本弑父篡国之恶徒，且常党于耆那，与佛为难。然当佛灭前已悔罪归依，（据《阿阇世王经》。）故有名之‘第一结集’，（详见拙著《中国佛教史》第二篇）。”[②] 按照迄今为止较为完备的《梁启超全集》所辑录的梁氏著述来看，1920—1925 年间，所谓“中国佛学史稿”主要包括在《学艺》《改造》《哲学》《地学杂志》《东方杂志》《清华周刊》《图书馆学季刊》等杂志上发表的佛学论文、记录札要、《梁任公近著第一辑》所录佛学研究相关内容以及《读佛经札记手迹》，“由此可看出梁氏未曾结稿的《中国佛学史》的基本面貌”[③]。

任公这些佛学论文，在民国时期曾有两次比较集中的结集。第一次是在 1923 年上海商务印书馆出版《梁任公近著第一辑》，分为上、中、下三卷，中卷部分收录了梁氏 1922 年 10 月亲选的佛学论文计 12 篇（含附录 1 篇）：

---

① 梁启超：《清代学术概论·第二自序》，载《梁启超全集》（第 10 集），第 215 页。

② 梁启超：《印度史迹与佛教之关系》，载《梁启超全集》（第 10 集），第 421 页。

③ 据《梁启超全集》编按：“《读佛经札记手迹》是汤志钧先生在 1984 年旅居日本时，时任大阪外国语大学教授彭（伊原）泽周先生赠送的。《读佛经札记手迹》，用红格十行纸，梁氏以毛笔书写，共 80 页，凡两册，1973 年 10 月台湾艺文印书馆影行，是他拟撰《中国佛学史》和佛学论文时的札记。如以札记与论文合读，那么，《中国佛学史稿》虽未结稿，但书籍结构、内容、论点已跃然纸上。”参见《梁启超全集》（第 10 集），第 418 页。

（1）《佛教之初输入》（附：《〈牟子理惑论〉辨伪》，1920 年）；（2）《千五百年前之中国留学生》（1920 年）；（3）《翻译文学与佛典》（1920 年）；（4）《佛教与西域》（1920 年）；（5）《佛典之翻译》（撰于 1920 年，1922 年改定）；（6）《读〈异部宗轮论述记〉》（1920 年）；（7）《说〈四阿含〉》（1920 年）；（8）《说〈六足〉、〈发智〉》（1920 年）；（9）《说〈大毗婆沙〉》（1920 年）；（10）《读〈修行道地经〉》（1920 年）；（11）《〈那先比丘经〉书后》（1920 年）；（12）《〈大乘起信论考证〉序》（1922 年）。[①]。

台湾新文丰出版股份有限公司曾在 1984 年 7 月将这 12 篇论文集为一辑影印出版，名为《中国佛教研究史》；大陆较早的同名版本后于 1988 年 2 月由上海三联书店出版。

第二次是在 1932 年。是年，上海中华书局编辑出版《饮冰室合集》，分为《文集》和《专集》两个大类，《专集》第 14、15 册即收录了梁氏佛学论文 18 篇（并附录 10 篇）。1936 年，中华书局另将这 18 篇并附录 10 篇单独抽出刊行，即《佛学研究十八篇》：

① 《梁任公近著第一辑》（中卷），上海：商务印书馆，1923 年，“目录”页。

第一篇　中国佛法兴衰沿革说略（附录：佛教大事表）；第二篇　佛教之初输入（附录：汉明求法说辨伪，附录：《四十二章经》辨伪，附录：《牟子理惑论》辨伪）；第三篇　印度佛教概观①；第四篇　佛陀时代及原始佛教教理纲要（附录：说无我②）；第五篇　佛教与西域；第六篇　又佛教与西域；第七篇　中国印度之交通；第八篇　佛教教理在中国之发展；第九篇　翻译文学与佛典；第十篇　佛典之翻译（附录：佛教典籍谱录考③）；第十一篇　读《异部宗轮论述记》；第十二篇　说《四阿含》；第十三篇　说《六足》、《发智》；第十四篇　说《大毗婆沙》；第十五篇　读《修行道地经》；第十六篇　《那先比丘经》书后；第十七篇　佛家经录在中国目录学之位置④；第十八篇　见于《高僧传》中之支那著述；附录一　《大乘起信论考证》序；附录二　佛教心理学浅测⑤；附录三　支那内学院精校本《玄奘传》书后——关于玄奘年谱之研究；附录四　《大宝积经·迦叶品》梵藏汉文六种合刻序⑥。

① 以上写于1920年。
② 以上写于1925年。
③ 以上写于1920年。
④ 以上写于1925年。
⑤ 以上写于1922年。
⑥ 以上写于1924年。

《佛学研究十八篇》构成了梁启超佛学研究的主要内容，现有研究也基本围绕这些文本展开。至于他的佛学阅读和接受特点，则少有系统的论述，当进一步研究、探讨。通过研究佛教文献，梁启超还发现了翻译佛典和文学的关联，《清代学术概论·三十一》即云："欧洲文字衍声，故古今之差变剧；中国文字衍形，故古今之差变微。文艺复兴时之欧人，虽竞相与研究希腊，或径以希腊文作诗歌及其他著述，要之欲使希腊学普及，必须将希腊语译为拉丁或当时各国通行语，否则人不能读。因此，而所谓新文体（国语新文学。）者，自然发生。如六朝、隋、唐译佛经，产出一种新文体，今代译西籍亦产出一种新文体，相因之势然也。"①

三、接受特点：经世、格义与养心

陈寅恪曾以印度佛教传入中国为例，谈及外来文化如要在本土产生影响，则需要依据中国人的习俗、趣味加以改造②。在我国的宗教文化史中，远之如本章所述之佛教，近如基督教，为了能够在"华土"生根发芽，并传播教义，都曾经迎合我国人民之精神思想作出一定的调适。当然，近代

① 梁启超：《清代学术概论·三十一》，载《梁启超全集》（第10集），第292页。括号中的内容为原作者的解释说明文字。

② 陈寅恪：《莲花色尼出家因缘跋》，《清华学报》第7卷第1期，1932年1月。

的情况略有不同。如果说以前的宗教，诸如佛教、基督教是异域文化“送至”，比照近代的危亡之势，我们则有“拿来”的紧迫需求。在拿来的过程中，“古已有之”之物就成了很好的媒介，帮助我们接受“新学”，继而“图强保种”。这在历史上并不鲜见，似乎在面对异域文化时，我们起初都会经历这一阶段，如魏晋时期以玄学解佛教之义谓之“格义”，通过比附调整原有的知识或者借机引入新的知识。

梁启超认为传世之儒学已失其本义，他概括其要旨为四点：其一，尊君权；其二，排异说；其三，谨礼仪；其四，重考据。继而发挥乃师康有为发明孔子之教旨，认为孔教“乃进化主义，非保守主义”“乃平等主义，非专制主义”“乃兼善主义，非独善主义”“乃强立主义，非文弱主义”“乃博包主义，非单狭主义”①。大乘佛法包容一切的精神给了他启发，故而孔子的大同之教也可以兼容并包，如同《中庸》中所说的那样：“万物并育而不相害，道并行而不相悖。”正是因为时代不同，法制就各自适应时代的需要，当然会有种种的不同。譬如佛说法，因为众生的根器有差别，所以佛所说的法也种种不同，但是佛说的法的实理却是一样

---

① 参见梁启超：《论支那宗教改革》（1899 年 6 月 28 日、7 月 8 日），载《梁启超全集》（第 2 集），第 11 页。在《南海康先生传》中，梁启超进一步发挥为：“一、孔教者，进步主义，非保守主义。二、孔教者，兼爱主义，非独善主义。三、孔教者，世界主义，非国别主义。四、孔教者，平等主义，非督制主义。五、孔教者，强立主义，非巽懦主义。六、孔教者，重魂主义，非爱身主义。”梁启超：《南海康先生传》（1901 年 12 月 21 日），载《梁启超全集》（第 2 集），第 367 页。

的。假若懂得了这个道理，那就必然没有门户水火之争，也必然没有轻视别人抬高自己的毛病，这就是大同教的范围之所以广大的缘故。故而，现在应该阐明并行不悖的道理，知道诸子之学就是孔子的学说，尊奉诸子就是尊奉孔教，使天下人人打破门户的成见，破除保守的藩篱。如此，或许周秦古学能够复兴，人的智慧也能够发达了。

既然孔教教义可以重新发明，借以推动变法维新，那么只要能找到佛教与儒学一致的地方，便可以合理嫁接，为我所用。如《〈仁学〉序》中所言“故孔子绝四，终以无我。佛说曰：‘无我相’”①。据此，大乘佛法与孔子教旨并无二致：

> 岂知大乘之法，悲智双修，与孔子必仁且智之义，如两爪之相印。惟智也故知，即世间即出世间，无所谓净土；即人即我，无所谓众生。世界之外无净土，众生之外无我，故惟有舍身以救众生。佛说：“我不入地狱，谁入地狱？”孔子曰：“吾非斯人之徒与而谁与？”“天下有道，丘不与易。”故即智即仁焉。既思救众生矣，则必有救之之条理，故孔子治《春秋》，为大同、小康之制，千条万绪，皆为世界也，为众生也。舍此一大事，

---

① 梁启超：《〈仁学〉序》（1899年1月2日），载《梁启超全集》（第1集），第689页。

无他事也。《华严》之菩萨行也，所谓“誓不成佛”也；《春秋》三世之义，救过去之众生，与救现在之众生，救现在之众生，与救将来之众生，其法异而不异；救此土之众生，与救彼土之众生，其法异而不异；救全世界之众生，与救一国之众生，救一人之众生，其法异而不异。此相宗之唯识也。因众生根器，各各不同，故说法不同，而实法无不同也。既无净土矣，既无我矣，则无所希恋，无所罣碍，无所恐怖。夫净土与我且不爱矣，复何有利害、毁誉、称讥、苦乐之可以动其心乎？故孔子言“不忧、不惑、不惧”，佛言“大无畏”，盖即仁、即智、即勇焉。通乎此者，则游行自在，可以出生，可以入死，可以仁，可以救众生。①

这种“格义”式的比附为梁启超接纳佛教提供了充足的空间。对待不同的思想，他在后来的文章中表达过这样的意见：“凡从事于公开运动的人，有一个原则必要遵守，那原则是：‘一面坚持自己的主张，不肯抛弃：一面容许旁面或对面有别的主张，不肯压迫。’……若只许有甲方面的主张不许有乙、丙、丁等方面的主张，那么结果还是‘不成问题’四个

① 梁启超：《戊戌政变记》（1898 年 12 月 10 日始），载《梁启超全集》（第 1 集），第 595—596 页。

大字完事，德谟克拉西精神存在与不存在，所争就在这一点。”① 他认为宗教是各个人信仰的对象，故而：

（一）对象　对象有种种色色，或人，或非人，或超人，或主义，或事情，只要为某人信仰所寄，便是某人的信仰对象。

（二）信仰　信仰有两种特征：第一，信仰是情感的产物，不是理性的产物。第二，信仰是目的，不是手段。只有为信仰牺牲别的，断不肯为别的牺牲信仰。

（三）各个人　信仰是一个一个人不同的，虽夫妇父子之间，也不能相喻。因为不能相喻，所以不能相强。②

这篇文章着重强调了信仰的自由与兼容并包，强调宗教对人的情感意义和精神作用。通过前述第二节中的佛学话语篇目统计图表我们可以得知，1902 年是具有关键意义的一年，本年 2 月 22 日发表的《保教非所以尊孔论》文前有如下小引：“此篇与著者数年前之论正相反对，所谓我操我矛以伐我者也。今是昨非，不敢自默。其为思想之进步乎，抑

① 梁启超：《评非宗教同盟》（1922 年 4 月 16 日），载《梁启超全集》（第 15 集），第 361 页。

② 梁启超：《评非宗教同盟》（1922 年 4 月 16 日），载《梁启超全集》（第 15 集），第 362 页。

退步乎？吾欲以读者思想之进退决之。”[①] 由此可见，梁氏对于自己思想的转变是有着自觉认知的，意欲摆脱过去的保教尊孔迷信，“嗟乎嗟乎！区区小子，昔也为保教党之骁将，今也为保教党之大敌”[②]，甚至认为保教之说束缚国民思想，需要寻求新的资源。既然，保教非所以尊孔，孔教就不是铁板一块了，就可以废除人我之隔，沟通诸教畛域，采群教之长继而光大孔教。那么，诸如讲究博爱、大无畏、勘破生死、普度众生的佛教，或如视敌如友、杀身为民的基督教都可以纳入怀抱，并且采其尤博深切明者以相发明。

在《宗教家与哲学家之长短得失》一文中，梁启超进一步提出了宗教思想“宜于治事”的五大原因：一曰无宗教思想则无统一；二曰无宗教思想则无希望；三曰无宗教思想则无解脱；四曰无宗教思想则无忌惮；五曰无宗教思想则无魄力[③]。有了宗教，则可以集中人民的精神，增加希望与勇气，具备“无我”的精神，进而舍身救世；有了宗教，亦可以循业报与因果，克己复礼，增加人民敬畏之心；有了宗教，则激励无畏精神，增长魄力。那么，天下的宗教多得很，应该信哪一个呢？对此梁启超认为，如果要谈宗教学，那么横尽

---

① 梁启超：《保教非所以尊孔论》（1902 年 2 月 22 日），载《梁启超全集》（第 2 集），第 676 页。

② 梁启超：《保教非所以尊孔论》（1902 年 2 月 22 日），载《梁启超全集》（第 2 集），第 684 页。

③ 梁启超：《宗教家与哲学家之长短得失》（1902 年 10 月 31 日），载《梁启超全集》（第 4 集），第 29—31 页。

虚空，竖尽来劫，能够普度一切众生的，“佛其至矣，佛其至矣”①。

不难看出，这种种言论都有着经世济民的背书。在稍后的《论佛教与群治之关系》中，梁启超将谭嗣同的东学思想冠以“应用佛学”之名，其目的在于“切于人事、征于实用”②，对其加以发明也是为了“救国救民”，这在他对乃师康有为的回忆中尤为显明：

> 先生幼受孔学，及屏居西樵，潜心佛藏，大澈大悟。出游后，又读耶氏之书，故宗教思想特盛，常毅然以绍述诸圣、普度众生为己任。……先生于佛教，尤为受用者也。先生由阳明学以入佛学，故最得力于禅宗，而以华严宗为归宿焉。其为学也，即心是佛，无得无证，以故不欲净土，不畏地狱。非惟不畏也，又常住地狱。非惟常住也，又常乐地狱。所谓历无量劫行菩萨行是也。以故日以救国救民为事，以为舍此外更无佛法。③

所以在经世救民的思想背景下，梁氏给佛教作了定性：（一）

---

① 梁启超：《宗教家与哲学家之长短得失》（1902 年 10 月 31 日），载《梁启超全集》（第 4 集），第 32 页。

② 梁启超：《论佛教与群治之关系》（1902 年 12 月 30 日），载《梁启超全集》（第 10 集），第 844 页。

③ 梁启超：《南海康先生传》（1901 年 12 月 21 日），载《梁启超全集》（第 2 集），第 366—369 页。

佛教之信仰乃智信而非迷信；（二）佛教之信仰乃兼善而非独善；（三）佛教之信仰乃入世而非厌世；（四）佛教之信仰乃无量而非有限；（五）佛教之信仰乃平等而非差别；（六）佛教之信仰乃自力而非他力[①]。

除却经世致用这一特点，“格义”亦是其重要特色，简言之，即将佛学与其他思想、学问相比附。具体来说，又分为“格义”与“反向格义”两种方式。对于前者，即用佛学思想或者借助佛学话语来解读西方的哲学和思想；对于后者，则是用外来的学说、观点重新诠释佛学。如《德育鉴》[②]、《近世第一大哲康德之学说》[③] 中，梁氏即以佛学思想契接康德哲学，认为佛教之“真如”即王学之“良知”，亦即康德之“真我”；“无明”即康德的“现象之我”，或朱子的“气质之性”。又如，《余之死生观》一文中，他又用佛学诠释达尔文之进化学说，认为“吾受其义，而叹其与今日进化论者流之说，若合符契也”[④]。再如佛学与科学的比附，他曾说：“佛之无我说，其所自证境界何若，非吾敢妄谈。至其所施设以教吾人者，则实脱离纯主观的独断论，专用科学的分析

---

① 梁启超：《论佛教与群治之关系》（1902 年 12 月 30 日），载《梁启超全集》（第 10 集），第 839—844 页。

② 梁启超：《德育鉴》（1905 年 12 月），载《梁启超全集》（第 5 集），第 208—292 页。

③ 梁启超：《近世第一大哲康德之学说》（1903 年 2 月 11 日—1924 年 2 月 14 日），载《梁启超全集》（第 4 集），第 126—144 页。

④ 梁启超：《余之死生观》（1904 年 12 月 21 日、1905 年 1 月 6 日），载《梁启超全集》（第 4 集），第 525 页。

法，说明‘我’之决不存在。”[①] 最明显的充满了佛学名词的一文，是《论希腊古代学术》：

> 巴氏之说曰：存者惟“有”，“非有”不存。匪惟不存，亦不可识。所谓“有”者，无始无终，惟有现在，不生不灭，又不可分，唯一不二，平等如如，无以名之，强名“特安”。（“特安”者，希腊语球之义也，巴氏举以似圆满、平等、一如之本体。）此特安者，寂然不动，为万有本，亦其真相。其他现象，变化生灭，无量无数，皆由众生，六根顽妄，自生分别，指为本相，无有是处。[②]

以“一如不变之有宗”比附“唯一不变之存在”，就连句式读来亦颇有佛经韵味。而对于后者，最为典型的则是将“烟士披里纯（Inspiration）”比附佛教的“三界唯心”之说，这在《自由书》中的《惟心》[③] 和《烟士披里纯（Inspiration）》[④] 两文中均有所显现。最终，梁氏化合形成了自己的思想核心——“心奴”，并表示“一曰勿为古人之奴隶也；

---

① 梁启超：《说“无我”》，载《梁启超全集》（第10集），第751页。

② 梁启超：《泰西学术思想变迁之大势》，载《梁启超全集》（第3集），第334页。括号中的内容为原作者的解释说明文字。

③ 梁启超：《自由书·惟心》（1900年3月1日），载《梁启超全集》（第2集），第94—95页。

④ 梁启超：《自由书·烟士披里纯（Inspiration）》，载《梁启超全集》（第2集），第126—128页。

二曰勿为世俗之奴隶也；三曰勿为境遇之奴隶也；四曰勿为情欲之奴隶也”①。

在经世救民、格义学问之外，梁启超亦将佛教相关精神引入实行，成为养心法门，借以修身养性。他时常写信与朋友交流自己的读经心得，1897 年致夏曾佑信有言：“启超近读经，渐渐能解，（亦不能尽解，解者渐多耳。）观《楞伽记》，于真如生灭两门情状，似仿佛有所见，然不能透入也。大为人事所累，终欠受六根驱役不能自主，日来益有堕落之惧。”② 致乃师康有为的信又言：“弟子自思所学未足，大有入山数年之志，但一切已办之事，又未能抛撇耳。近学算读史，又读内典，（旁注：读《小乘经》，得旧教颇多，又读《律论》。）所见似视畴昔有进，归依佛法甚至。窃见吾教太平、大同之学，皆婆罗门旧教所有，佛吐弃不屑道者，觉平生所学失所凭依，奈何?”③ 这和他读曾文正公的修身之书具有同等功能：“弟子日间偶读《曾文正公家书》，猛然自省，觉得不如彼处甚多，觉得近年以来学识虽稍进，而道心则日浅，似此断不足以任大事。”④ 故而，后来他编纂《德育鉴》

---

① 梁启超：《新民说·论自由》，载《梁启超全集》（第 2 集），第 569—571 页。

② 梁启超：《致夏曾佑书》（1897 年 4 月 11 日），载《梁启超全集》（第 19 集），第 477 页。括号中的内容为原作者的解释说明文字，下引同。

③ 梁启超：《上康有为书》（1897 年），载《梁启超全集》（第 19 集），第 176 页。

④ 梁启超：《上康有为书》（1900 年 4 月 23 日），载《梁启超全集》（第 19 集），第 191 页。

也就在情理之中了，为的都是修养身心。

这其中有一个发掘“养心”之道的过程。早在 1894 年冬的《读书分月课程》之中，梁启超便认为读《孟子》可分养心、厉节、经世、尊孔、论性五门求之[①]。稍后，1897 年的《万木草堂小学学记》循南海之《长兴学记》，继续发挥“养心”之道：“孔子自得之学，在‘从心所欲’；孟子自得之学，在‘不动心’。后人言及心学，辄指为‘逃禅’，此大误也。天下学问，不外成己、成物二端。欲求成己，而不讲养心，则眼、耳、鼻、舌、身、意，根尘相引，习气相熏，必至堕落；欲求成物，而不讲养心，则利害毁誉，称讥苦乐，随在皆足以败事。故养心者，学中第一义也。养心有二法门：一曰静坐之养心，二曰遇事之养心。学者初学，多属伏案之时，遇事盖少。但能每日静坐一、二小时，求其放心，常使清明在躬，志气如神，梦剧不乱，宠辱不惊，他日一切成就，皆基于此，毋曰迂远云也。”[②] 此后，他又于《湖南时务学堂学约十章》中复述此义。《自由书》中亦有《养心语录》一则，“人之生也，与忧患俱来。……种种烦恼，皆为我练心之助”[③]。《自由书·惟心》中则表示境由心生、三界惟心，豪

---

① 梁启超：《读书分月课程》（1894 年冬），载《梁启超全集》（第 1 集），第 15 页。

② 梁启超：《万木草堂小学学记》（1897 年 10 月 26 日），载《梁启超全集》（第 1 集），第 277—278 页。

③ 梁启超：《自由书·养心语录》（1899 年 9 月 15 日），载《梁启超全集》（第 2 集），第 60 页。

杰之士能够无大惊，无大喜，无大苦，无大乐，无大忧，无大惧，也是因为能够“养心”继而“破心中之奴隶”[①]。同一时期，有诗云“横流沧海非难渡，欲向文殊叩法门”[②]，又有“佛即众生因不昧，相还四大我何存？君今避地为蛮长，我劝随缘礼世尊。且学度他且自度，大同界即大乘门”[③]。当然，梁氏之“养心”论，杂芜诸种学问，其中也有与明儒的相关修身理论相结合[④]，但总的脉络，谓之“义理之学可以养心”[⑤]。最终，他对于佛教相关之义理便有了知行合一的遵循，内化于心，外化于行，1925 年致孩子们的信便颇见心力：

> 思顺对于徽音感情完全恢复，我听见真高兴极了。……思成前次给思顺的信说：“感觉着做错多少事，便受多少惩罚，非受完了不会转过来。”这是宇宙间惟

---

① 梁启超：《自由书·惟心》（1900 年 3 月 1 日），载《梁启超全集》（第 2 集），第 94—95 页。

② 梁启超：《奉酬星洲寓公见怀一首，次原韵》，载《梁启超全集》（第 17 集），第 591 页。

③ 梁启超：《书感四首寄星洲寓公，仍用前韵》，载《梁启超全集》（第 17 集），第 592 页。

④ “仆于十日前有姊之丧，……心绪恶劣，不能自胜。……读尊著《养心用心论》惠我良多，日来惟读《明儒学案》，稍得安心处，拟节钞之印行，公谓何如？”参见《致蒋观云》（1904 年 11 月上旬），载《梁启超全集》（第 19 集），第 141 页。

⑤ 参见梁启超：《戴东原先生传》（1923 年 1 月 19 日），载《梁启超全集》（第 12 集），第 12 页。又，梁启超所绘《长兴学记》架构表中，“义理之学”即包含孔学、佛学、周秦诸子学、宋明学以及泰西哲学。参见梁启超：《南海康先生传》（1901 年 12 月 21 日），载《梁启超全集》（第 2 集），第 365 页。

一真理[1]，佛教说的“业”和“报”，就是这个真理。（我笃信佛教就在此点，七千卷《大藏经》也只说明这点道理。）凡自己造过的“业”，无论为善为恶，自己总要受“报”，一斤报一斤，一两报一两，丝毫不能躲闪，而且善和恶是不准抵消的。……并非有个什么上帝做主宰，全是“自业自得”。又并不是像耶教说的“到世界末日算总账”，全是“随作随受”。又不是像耶教说的“多大罪恶一忏悔便完事”，忏悔后固然得好处，但曾经造过的恶业，并不因忏悔而灭，是要等“报”受完了才灭。……他说的六道轮回等等，不过为一般浅人说法，说些有形的天堂地狱，其实我们刻刻在轮回中，一生不知经过多少天堂地狱。……我的宗教观、人生观的根本在此，这些话都是我切实受用的所在。[2]

1922 年，梁氏为心理学会演说《佛教心理学浅测（从学理上解释“五蕴皆空”义）》，对佛学思想进行现代诠释。他主张研究佛学，应当从经典中所说心理学入手；同理，研究心理学，亦应当以佛教的教理为重要的研究对象。佛教经典八千卷，用一句话来概括，那就是“无我我所”，而佛家所

① 着重号系原引文所固有，下同。

② 梁启超：《致孩子们》（1925 年 7 月 10 日），载《梁启超全集》（第 20 集），第 188—189 页。

说的“法”，“就是心理学”①。佛教之所以如此注重心理学，是因为把心理状态研究得真确，便可以证明“无我”的道理。佛家讲究“无我”，为的是让人脱离无常、苦恼的生活状态，回归清净轻安。“无常”，即不安定、不确定，自然常常惹起苦恼；清净是纯粹真理，必须超越无常，才算合理生活，合理便是清净。人们因为不明白“五蕴皆空”的道理，误认五蕴相续的状态为“我”，于是生出“我见”，继而便有我痴、我慢，不惟伤害别人，而且也令自己生无限苦恼。人类沉迷于这种生活，使得内界精神生活不能统一，常在交战混乱的状态中，佛家谓之“无明”。脱离这种状态，就要做到“转识成智”。

小　结

本章以梁启超为中心，较为深入地探讨了佛教与中国思想文化之间的历史渊源以及近代佛学复兴的契机。佛教自东汉时期传入本土，在中国思想文化中有相当的地位。然而，随着时间的推移，佛教在近世逐渐衰落，这主要是因为受到了主流意识形态的规训和科举制度的影响。近代佛学的复兴经历了由“发现”继而“发明”的历史过程，最终构建起现

① 梁启超：《佛教心理学浅测（从学理上解释“五蕴皆空”义）》（1922年），载《梁启超全集》（第10集），第632—633页。

代佛学体系。虽然梁启超表示“对于佛教不过喜欢罢了，不能说是懂”，且“像我这样做学问是不作兴的。今天做什么文化史里头的奴隶制度，明天做什么读荀子示例，第三天做什么佛教教理，第四天又做什么国产保护……这样杂乱无章，断断续续”①，但梁启超等新学家对佛学的“发现”绝不仅仅是出于学术兴趣，更是希望通过佛学来容纳新知、开拓眼界，并增强文化自信力。对梁启超著作佛教话语的统计分析，使我们可以大致了解梁启超的佛学接触史，进而分析梁启超佛学接受的阶段性特征。业师康有为、朋友夏曾佑和谭嗣同等人增进了他研习佛学的兴趣，通过切磋琢磨，逐渐形成了一种近代“知识共同体”。

除却内部因素，日本佛教（学）界的影响，也对近代佛学的复兴起到了推动作用。一些中国文人误读了日本佛教的消息，认为佛教可以成为中国社会变革的药方。梁启超对日本佛教（学）界的关注以及佛学史的研究，显示了他对佛教的深入探索和学术贡献。梁启超的佛学接受特点，包括他对佛教的现代诠释、将佛教精神应用于修身养性，以及他将佛学与其他思想、学问之间进行“格义”式比附，不仅体现了他对佛教（学）的学术研究，也反映了他将佛教教义应用于个人修养和社会改革的愿望与实践。基于这些分析，我们可

---

① 梁启超：《与徐志摩书》（1925 年 11 月 13 日），载《梁启超全集》（第 19 集），第 528—529 页。

以看到佛教如何深刻影响了中国思想文化的发展，以及近代学者如何通过对佛学的研究和诠释，寻求中国文化的现代转型和复兴。梁启超等人的努力，不仅丰富了中国的佛学研究，也为佛教在现代社会中的应用提供了新的可能性。

第四章

文开风气垂学史

前文或按照时间，或按照类别较为系统地梳理梁启超的相关阅读史，本章则由“文学”而“文章”，重点关注梁氏风格独特的“新文体”之历史演变及受容情况。基于历时的发展脉络，以梁启超个人的阅读史为线索，以影响研究结合平行比较的方式，对“新文体”进行了一番外部的考察之后，想要进一步认识“新文体”的独特性以及探究其作为过渡文体的局限性，还需要对其内部特征进行分析。这可从两个层面的努力出发：其一，从文体发展演变的角度来看，“新文体”出现的必然性；其二，“新文体”何以名噪一时又迅速走向衰落，这从它自身的特征上有哪些可以解释的地方。

童庆炳认为影响中国古代文体变易的有“文章体制，与时因革”“因情立体，即体成势”以及“旧体难出新意，遁而作他体”等因素①。“新文体”从一开始就伴随着“新知识”。从《时务报》时期宣传时务的“时务文章”到《新民

① 童庆炳：《文体与文体的创造》，昆明：云南人民出版社，1994 年，第 39—50 页。

丛报》时期的“新民体”，举凡政治、经济、文化诸方面的“知识”被绍介到国内，与之相关的“豪杰”“伟人”都成为梁启超为之倾倒的对象。

想要宣传新“知识”，便不得不考虑文章的可读性，即在情感上必须能够动人甚至具有“煽动力”。这时候梁启超的古文功底就充分地显现了出来。古文的音乐性加上日本文体的复沓，长排句加以四六文的一咏三叹，使得文气十足，飞流直下，一气呵成。如此一来，“新文体”有“古韵”又添“新风”，既融合了古典知识，又有欧西新学，在时代的浪潮中如鱼得水，应者云集。因而，想要对新文体的“新”质有一个较为清晰的认知，就不得不立足于近代中日“文”的传统的演变轨迹来进一步考察。

一、“新文体”的古脉：中国“文”的传统

（一）新“文体”与新“知识”

夏晓虹根据梁启超《清代学术概论》中的论述，将“新文体”的特征总结为七个方面，即平易畅达（用浅近文言）、杂以俚语（不避俚俗）、杂以韵语（跌宕起伏）、杂以外国语法（拟日文体）、纵笔所至不检束（洋洋洒洒）、条理明晰

(归纳演绎、最数法)、笔锋常带感情（元气淋漓）[①]。检阅晚清民国的报刊，时人对“新文体”的认知却并非异口同声，考诸“新文体”的种种“别名”便可见一斑。“别名”也许并非为大多数人所认可，但亦可以从侧面说明同一事物的不同侧面，可谓“一体多面”。“新文体”亦称“时务文体”“新民体”“报章体”等，因而，通过分析不同命名的缘由或可窥见其不同侧面。

无论是“时务文体”还是“新民体”，皆来源于梁氏主编的报刊名称，即《时务报》与《新民丛报》。它既带有办报者个人的特色，当然也不可避免地沾染上时代风格，杨世骥在谈到这种“时务的文章”时曾经说道：

甲午中日之战以后，一般有志之士，觉悟到中国有改革的必要，于是著为议论，恣肆地宣达对于时代的情感，或建议朝廷，或指摘敝政，或绍介西洋政法制度；因为新事新理日趋繁复，不得不打破历来古文、骈文和八股的章句义法，自由起讫，信笔直抒，同时尽量容纳新的名词，引证新的史实，另创一种风格。这一类作品，胡适曾经名之为“时务的文章”（见《五十年来的中国文学》），而最早试写这种文章的却是几个外国在中国传

① 夏晓虹：《阅读梁启超：觉世与传世》，北京：东方出版社，2019 年，第 142—144 页。

> 教的教士，……他们……所办的报纸刊物，所做的文章，给予当时影响极大，随后郑观应、康有为、梁启超、刘桢麟、黎祖健、管斯骏等继踵而起，使这种文章的体式更完备了，势力更扩大了。①

传教士为了宣传天主福音，在近代中国创办并发行了相当数量的报刊，其对近代汉语变革及文体演变影响甚巨已成共识。为了能够最大范围地扩大宣传，他们不得不采用通俗易懂的文体，新名词也迭见于报章。今日学者对“时务文体”有较为明确的定义，《中国近代大众传媒与中国近代文学》中便专辟一节讨论：“‘时务文体’是维新派报人因为宣传的需要各自采用的风格不同、但不受传统文体束缚的报章政论文体。这种文体在梁启超主持《时务报》时便形成了非常鲜明的特色，因而被称为‘时务文体’。”② 这一定义注意到了“时务文体”的几个特点：（1）报人书写的，报章为媒介；（2）宣传的需要，因而要通俗易懂，明白晓畅，篇幅上亦有限制；（3）风格不同，但都是宣传“时务”，体例并不完全统一；（4）不受传统束缚，即对传统的文章体例、风格有一定突破；（5）政论文体，风闻议论政治的文章风格。

---

① 杨世骥：《文苑谈往·第一集·英美三教士》，载胡全章编《杨世骥文存》，北京：中国大百科全书出版社，2015 年，第 12 页。

② 蒋晓丽：《中国近代大众传媒与中国近代文学》，成都：巴蜀书社，2005 年，第 183 页。

维新派知识分子在进行变法维新的宣传时，对中国几千年流传下来的文体进行了深刻的反思。《时务报》时期，梁启超的好友谭嗣同就曾发表过《报章文体说》，将中国古往今来的文章体例去除辞赋等“不切民用者”，划分为三类十体，三类即“名类”“形类”“法类”。“名类”四体，纪、志、论说、子注；“形类”三体，图、表、谱；“法类”三体，叙例、章程和计。以后来者的眼光老看，这些文体都是所谓“应用之文”。谭嗣同认为这些文体都不能够满足当时宣传时务的需要，换言之，即不是理想的文体：“乃若一编之中，可以具此三类十体，而犁然各当、无患陵躐者，抑又穷天地而无有也。”① 只有“报章”上的文章各体兼备，可以总揽宇宙之文。《清议报》后来亦有文章谈及报刊的兴起给文体变革带来的影响：“自报章兴，吾国之文体，为之一变，汪洋恣肆，畅所欲言，所谓宗派家法，无复问者。”② 新兴媒体的发展带来了传播机制的变化，进而也需要新的文体与之相适应。

由此可知，近代文体的变革既有“内因”亦有“外由”。所谓“内因”即原来文体对于新遭遇的“问题”和“知识”不再适用，趋新之士渴望通过文体革新启发民众；而“外由”则是传教士群体发行的报刊媒介的影响。

---

① 谭嗣同：《报章文体说》，《时务报》第29、30册，光绪二十三年五月十一日、二十一日（1897年6月10日、20日）。

② 《中国各报存佚表》，《清议报》第100册，1901年12月21日。

先来看后者。相较于传统的图书，报刊定期发行，具有出版周期短、传播范围广的优点。梁启超曾担任过英国传教士李提摩太的私人秘书，并参与编辑《万国公报》（后更名为《中外纪闻》）。从这个层面来说，《时务报》时期的文体沾染上大量的新名词乃是宣传“时务”的急迫需要，针对的是局促的社会现实。清末读书人徐兆玮曾在其日记中记录他修改《清赋说劝官》一文的经过，删改数十字，才能稍稍明白其中的事理，尽管所用“乃近时所谓报章体，明知其弊而只图说得痛快，不能自节省也”①。由此可见这一以报章为载体的新式文体在读书人中的影响力。

再来看内因方面。一种文体通行既久，它的生命力也会大打折扣，一切都已经成了一种“套路”，想要出新也很难，所以趋新之士才会寻求变革。试看历代的文学革新运动，其中一个重要的因素就是旧的文体阻碍了表达的需要。新的文体想要有所突破便势必面临重重阻隔，故而不得不另辟蹊径，或者采取一种折中的方式，即既“旧”且“新”，有所突破，但又不失原有根基。维新人士在宣传“新知”，反思既定文体时，也有所行动，倡议“厘定文体”。戊戌六君子之一的杨深秀即有感于制艺、帖括等削磨人才，于光绪二十四年（1898）四月十四日奏请厘定文体：

---

① 徐兆玮：《己亥日记·光绪二十五年七月二十四日己巳（1899年8月29日）》，载《徐兆玮日记》（一），合肥：黄山书社，2013年，第101页。

> 有明中叶以后，始盛行四股、六股、八股，破承起讲之格，……而芜词谰言、骈拇枝指又加甚焉。……格式既定，务使千篇一律，稍有出入，即谓之不如格。是以习举业者陈陈相应，涂涂递附，黄茅白苇，一望皆同。限以三百七百之字数，拘以连上犯下之手法。虽胸有万卷、学贯三才者，亦必俯就格式，不许以一字入文。……此种文体，惟讲手法，不顾经意，起承转收，擒钓渡挽，其法视文网为尤密，其例视刑律为尤严。……请特下明诏，斟酌宋元明旧制，厘正四书文体，凡各试官命题，必须一章一节一句语气完足者，其制艺体裁一仿宋人经义、明人大结之意，先疏证传记以释经旨，次博引子史以征蕴蓄，次发挥时事以视学识。不拘格式，不限字数，其有仍用八股庸滥之格、讲章陈腐之言者，摈勿录。①

梁启超的老师康有为更是多次自奏或假托他人代奏，请求厘正文体②。《南海师承记》中亦记载有他讲解“文体”

① 杨深秀：《请厘定文体折》，载张玉亮整理《戊戌四子集》，杭州：浙江古籍出版社，2019 年，第 361—363 页。

② 如《请正定四书文体以励实学而取真才折》（代杨深秀作，1898 年 6 月 1 日）、《请废八股试帖楷法试士改用策论折》（1898 年 6 月 17 日）、《请变通科举改八股为策论折》（代宋伯鲁作，1898 年 6 月 17 日）、《请商定教案法律厘正科举文体听天下乡邑增设文庙谨写〈孔子改制考〉进呈御览以尊圣师而保大教折》（1898 年 6 月 19 日）、《请废八股以育人才折》（代徐致靖作，1898 年 6 月 22 日）、《请禁奏请复用八股试士片》（代宋伯鲁作，1898 年 6 月 30 日）等。

“文章源流”“文学”等内容，可知其对文体流变有着一定认识。梁启超列康氏门墙，不能说没有受其影响。后来梁氏撰写的《新民说·论进步》即表示：“社会之变迁日繁，其新现象、新名词必日出，或从积累而得，或从交换而来，……言文合，则言增而文与之俱增，一新名物、新意境出，而即有一新文字以应之，新新相引，而日进焉。”① 戊戌期间厘正文体、废八股改策论对知识群体的影响直接关涉“文体”与“知识”两个层面，可以说这是维新群体的具体实践。

联系前面章节对梁启超阅读史的梳理，可以看到青少年时期的传统经典阅读是他学问、文章的根基与底色，这也说明，梁氏的文体以传统古文为底色，但又对其进行了一定的改造更新。《清代学术概论》以及维新人士的话语之中亦隐约透露出他们所撰写、登载的文章在体例上针对的都是八股制艺文以及以桐城派为代表的“古文”，梁氏所说的“夙不喜桐城派古文”以及《清议报》“所谓宗派家法”的言论都是有所针对的。

八股制艺文的弊端，前引杨深秀的奏折已有所显现。对于桐城派古文还得有一番考察，周作人《中国新文学的源流》中绘有下图：

① 梁启超：《新民说·论进步》，载《梁启超全集》（第2集），第578页。

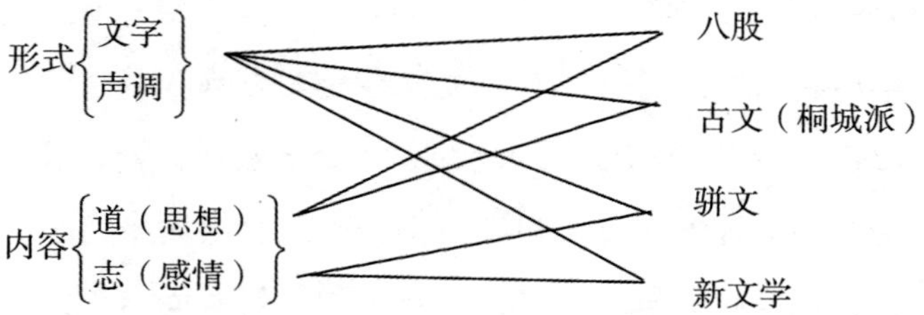

按照他的观点：

> 这里边，八股文是以形式为主，而以发挥圣贤之道为内容的。桐城派的古文是以形式和思想平重的。骈文的出发点为感情，而也是稍偏于形式方面。……八股文和桐城派的古文很相近，早也有人说过，桐城派是以散文作八股的。[①]

周氏的论断自有一定的道理，也对我们认识梁启超的“新文体”有一定帮助。实际上，近代以来，古文自身也在经历变革，如胡适所说，古文从前未曾有过长篇小说，但林纾居然采用古文翻译了百来种，其中还有欧文和迭更司的幽默滑稽作品、《巴黎茶花女遗事》以及《迦茵小传》等抒情作品。“严复、林纾是桐城的嫡派，谭嗣同、康有为、梁启

① 周作人：《中国新文学的源流》，北平：人文书店，1932年，第59页。

超都是桐城的变种”[1]，可知，清末之古文已非从前那种严格意义上的“古文”。面对新兴的文学类型和文体种类，古文自身或者说文人群体也在悄悄进行着变革。

桐城派主张“雅洁”，义理、考据、辞章三位一体，“屏弃六朝骈丽之习，以求所谓神理气味格律声色者，法愈严而道愈尊”[2]，认为古文中“不可入语录中语，魏、晋、六朝人藻丽俳语，汉赋中板重字法，诗歌中隽语，《南北史》佻巧语”[3]，但到了末流，桐城弟子只知道“抱着‘宗派’，守着‘义法’，既不多读古书撷取古人之精华；又不随时代而进步，从活泼的时代取得活泼的真理；所以只能做出内容空疏，形式拘束，毫无生气的文字来”[4]。相比之下，“新文体”实打实地站在了桐城古文的对立面，无论是内容还是形式层面，全都占满了。

从 18 岁落第回归途中购买《瀛环志略》，见到上海制造局翻译的若干种西书，到拜师康有为广泛涉猎东、西新学，购买江南制造局翻译的图书，创办《万国公报》（《中外纪闻》），广阔的知识图景在梁启超的眼前徐徐展开。正如梁氏后来将鸦片战争以来的五十年分为三期，第一阶段是知道

---

① 胡适：《五十年来中国之文学》，载《胡适全集》（第 2 卷），第 282 页。

② （清）黎庶昌辑：《〈续古文辞类纂〉目序》，载《续古文辞类纂（民国“四部备要”本）》（第 1 册），上海：中华书局，1936 年，“目录”第 13 页。

③ （清）沈廷芳：《隐拙斋集》（卷四十一），载《四库全书存目丛书补编》（第 10 册），济南：齐鲁书社，2001 年，第 517 页。

④ 陈子展：《中国近代文学之变迁·最近三十年中国文学史》，上海：上海古籍出版社，2013 年，第 67 页。

“器物”上的不足，大致是从鸦片战争开始，而后有李鸿章、左宗棠等人开展的洋务运动；第二阶段是感觉到“制度”上的不足，特别是甲午中日战争的沉痛打击，而后有维新派的变法维新运动；第三阶段便是从文化上感觉到根本的不足，大致从民国六、七年（1917、1918）开始，而后逐渐有所谓的新文化运动①。

大致说来，“新文体”发展演变过程中所遭遇的“新知识”，或者说梁启超致力于“宣传”的，也符合这一发展脉络。在“时务文体”时期，主要是对西方自然科学、器物制造等方面知识的绍介。早在1894年的《读书分月课程》中，“最初应读之书”中就列举有“西学书”七种，分别是《万国史记》《瀛环志略》《列国岁计政要》《格致须知》《西国近事汇编》《谈天》以及《地学浅识》。谈及这些书的阅读次序时，他主张“先读《万国史记》以知其沿革，次读《瀛环志略》以审其形势，读《列国岁计政要》以知其富强之原，读《西国近事汇编》以知其近日之局”②。在这一时期的行文论说中，他亦经常引证自然科学的知识来加强说理，以论证自己观点的科学性。《变法通议·自序》开头就以自然界的发展变迁引论，进而得出“无事不变”的观点，但在文章的最

① 梁启超：《五十年中国进化概论》，载《梁启超全集》（第11集），第404—406页。

② 梁启超：《读书分月课程》，载《梁启超全集》（第1集），第13页、第17页。

后仍然使用传统经典《易》中的“通变”之说收束全文。又如1898年的《说动》等文，借助自然科学的现象来引论观点。变法维新期间《时务报》所载论说文章既有“征古”的掣肘，亦有“西人言曰”或“西谚云”的旁征博引，显示出“古今中西中间”的特征。在翻译上，他主张以多翻译“西书”为主，在门类上则主张先虚后实，先“无形”后“有形”。归根结底，是对现实情境的急切变革愿望，期望通过技术的引进与革新，来促进社会进步、民众觉醒以及国家富强。

1896年的《古议院考》、1897年的《西政丛书叙》、1898年的《论中国宜讲求法律之学》等，更多是对西方政治制度的绍介，特别是戊戌东渡以后，这种类型的文章逐渐增多。1902年的《东籍月旦》，集中介绍了“东学”书籍相关门类并作了阅读导引，拟从伦理、国语及汉文、外国语、历史、地理、数学、博物、物理及化学、法制以及经济等十个方面绍介日本之“普通学”，但最终并未实现。时间跨度从1899年到1910年的《自由书》中，涉及诸多政治家、思想家，诸如俾斯麦、格兰斯顿、孟德斯鸠、斯宾塞、斯宾诺莎、霍布斯以及明治时期的“伟人”“豪杰”，经过他的文章绍介到国内。也正是在这一时期，梁启超撰写了比较集中阐述“新民”思想的《新民说》，以及大量的“新体传记”。

在这期间，1906年与革命派刊物《民报》的论战是“新文体”发展演变中的一个重要节点。此前，如梁氏自言，

《新民丛报》等刊物的创办使这一新式文体走向成熟。但最终，由于时代风潮转向，“新文体”渐渐失去读者。这其中有“学随世转”的原因，即从文体自身的发展来说，此后较之更严谨的“逻辑文”的出现以及白话文章的进一步发展，都使“新文体”逐渐成为过去式。梁氏自己后来也转而用白话文“演讲”“述学”[①]，亦可以说是与时俱进。

（二）“启人思”与“增人感”

“新文体”除了面临“新知识”的挑战，亟须进行突破以外，还有着“宣传”的主观要求。因而，它的另一特征是借助文学（这里用“文章”或许更恰当）的感化力达到改良政治、塑造新民的目的。

梁氏自言：“我是感情最富的人，我对于我的感情都不肯压抑，听其尽量发展。……偏于感情方面的多，偏于理智方面的很少。”[②] 也正因为如此，无论是在介绍对象的选择上，还是为文结构章法的安排上，他总是显得很急迫，这自然有一泻千里的气势，但又难免泥沙俱下，枝蔓杂芜。

---

① 《时事新报》曾刊文：“近来梁任公先生做了几篇言文一致的讲坛，不但是提倡新思想新道德，而且是改良文艺，所以一班青年读了，总有些感动。从前有个《新青年》杂志，他亦提倡白话，虽他以白话做诗，不免矫枉过正，然拿白话来达理，我是很赞成的。”好学：《言文一致之提倡》，《时事新报》1918 年 11 月 16 日。另参见袁一丹：《“新文化运动”的名与实》，载《另起的新文化运动》，北京：生活·读书·新知三联书店，2021 年，第 7—49 页。

② 梁启超：《“知不可而为”主义与“为而不有”主义》，载《梁启超全集》（第 15 集），第 272 页。

正如鲁迅在回答章太炎询问“文学”定义时所说的那样：“文学和学说不同，学说所以启人思，文学所以增人感。”① 中国古代，“文”的概念与内涵十分宽泛，举凡一切文章，甚至礼仪制度，皆可名之曰“文学”。从这一层面来看，或许借用今人研究之“述学文体”② 来看待梁启超的“文章”及其衍生下的“新文体”更为适宜。如果说“新文体”携载的“新知识”，更多是宣传知识、启发民众、塑造“新民”之功用；那么，在一定程度上说，“笔锋常带情感，别具魔力”则具有“情感动员”的作用。

在分析梁氏“新文体”之“情感”特色及其根源之前，有必要将“新文体”发展的各个阶段时人的评价加以梳理。早在《时务报》时期，旧派人物叶德辉就对梁氏充满新名词的文风加以指责：

> 自梁启超、徐勤、欧榘甲主持《时务报》、《知新报》，而异学之诐词、西文之俚语……触目鳞比，而东南数省之文风，日趋于诡僻，不得谓之词章。③

相对于旧派阵营的批评，开明人士多赞颂之语，光绪二

① 许寿裳：《亡友鲁迅印象记》，长沙：岳麓书社，2011 年，第 23 页。
② 陈平原：《现代中国的述学文体》，北京：北京大学出版社，2020 年。
③ 《叶吏部〈长兴学记〉驳义》，载苏舆编《翼教丛编》，上海：上海书店出版社，2002 年，第 103—104 页。

十八年（1902）四月，黄遵宪致信梁启超，盛赞其文章：

《清议报》胜《时务报》远矣。今之《新民丛报》又胜《清议报》百倍矣。（《清议报》所载，如《国家论》等篇，理精意博。然言之无文，行而不远。计此报三年，公在馆日少，此不能无憾也。）惊心动魄，一字千金。人人笔下所无，却为人人意中所有，虽铁石人亦应感动。从古至今，文字之力之大，无过于此者矣。①

古文家严复则语多批评，致熊育锡书札集中展现了他的观点：

至于任公，妙才下笔，不能自休。自《时务报》发生以来，前后所主任杂志，几十余种，而所持宗旨，则前后易观者甚众，然此犹有良知进行之说，为之护符。顾而至于主暗杀、主破坏，其笔端又有魔力，足以动人。主暗杀，则人因之而倜然暗杀矣；主破坏，则人又群然争为破坏矣。敢为非常可喜之论，而不知其种祸无穷。②

① （清）黄遵宪：《致梁启超函》（1902 年 5 月），载陈铮编《黄遵宪全集》（上册），北京：中华书局，2005 年，第 429 页。

② 严复：《与熊育锡》（1916 年 4 月 4 日），载汪征鲁、方宝川、马勇编《严复全集》（卷八），福州：福建教育出版社，2014 年，第 311 页。

又云：

往者杭州蒋观云尝谓：梁任公笔下大有魔力，而实有左右社会之能，故言破坏，则人人以破坏为天经；倡暗杀，则党党以暗杀为地义。……大抵任公操笔为文时，其实心救国之意浅，而俗谚所谓出风头之意多。……嗟乎！任公既以笔端搅动社会至如此矣。然惜无术再使吾国社会清明，则于救亡本旨又何济耶？①

且：

任公文笔，原自畅遂，其自甲午以后，于报章文字，成绩为多，一纸风行海内，观听为之一耸。又其时赴东学子，盈万累千。名为求学，而大抵皆为日本之所利用。当上海《时务报》之初出也，复尝寓书戒之，劝其无易由言，致成他日之悔，闻当日得书，颇为意动，而转念乃云："吾将凭随时之良知行之。"（任公宋学主陆王，此极危险。）由是所言，皆偏宕之谈，惊奇可喜之论。至学识稍增，自知过当，则曰："吾不惜与自己前言宣战。"然而革命、暗杀、破坏诸主张，并不为悔艾者留

① 严复：《与熊育锡》（1916年9月10日），载汪征鲁、方宝川、马勇编《严复全集》（卷八），福州：福建教育出版社，2014年，第323—324页。

余地也。[1]

接着是杨世骥所说受到传教士的影响，经过梁启超等人完善的“时务的文章”。罗家伦则以“新青年”的姿态，认为梁任公等“策士文学”在其时读之不免令人发笑，但在当时确实风靡一时，对于思想风俗的改变，与有功焉。即就文风文体而言，也打破了八股拘泥的陋习，文白夹杂，走出了“改良文言”迈向通俗的道路，是有魄力的举动，对于白话文观念的更新也有着促进作用。只不过时移世易，他的“时代价值”已经走向没落了[2]。

罗家伦指出了“新文体”的突破之处，胡适则更多看到了它与传统文章之间的关联：

谭嗣同与梁启超都经过一个桐城时代，但他们后来都不满意于桐城的古文。他们又都曾经过一个复古的时代，都曾回到秦汉六朝；但他们从秦汉六朝得来的，虽

① 严复：《与熊育锡》（1916年9月22日），载汪征鲁、方宝川、马勇编《严复全集》（卷八），福州：福建教育出版社，2014年，第325—326页。

② “这派（指‘策士文学’一派——引者注）的趋势，实早开于魏默深龚定庵之流。其后康有为等‘公车上书’，更为明显。就形式而论，‘公车上书’的文章，自然娓娓动听，大有战国时候苏张的态度；但是就实际而言，……他们自己也莫明其妙。……而这类纵横捭阖的腔调，在梁任公先生所办的《时务报》、《新民丛报》里，更可谓集其大成；虽然不可一例而论；要亦毋庸曲讳。”罗家伦：《近代中国文学思想的变迁》，《新潮》第2卷第5号，1920年9月。罗文末署“九年十月二日，完于太平洋舟中”，则该期《新潮》出版日期或可商榷。

不是四六排偶的形式，却是骈文的“体例气息”。所谓体例，即是谭嗣同说的“沈博绝丽之文”；所谓气息，即是梁启超说的“笔锋常带情感”。[①]

胡适的好友胡先骕主张将梁启超的“著作”与“文章”二分评价：

至梁启超之文，则纯为报章文字，几不可语夫文学。其“笔锋常带情感”，虽为其文有魔力之原因，亦正其文根本之症结。如安德诺论英国批评家之文，“目的在感动血与官感，而不在感动精神与智慧”。故喜为浮夸空疏豪宕激越之语，以炫人之耳目，以取悦于一般不学之“费列斯顿”。其一时之风行以此，其在文学上无永久之价值亦以此。其文学之天才，近于阳刚一流，故不喜法度与剪裁，无怪乎自幼不喜桐城文，至以“杂以俚语韵语及外国语法，纵笔所至不检束”为解放，则真管异之所谓“武其冠，儒其服，非全人也”。故梁氏在文学上之地位，不过为报章文字之先导，其能传诸久远者，尚在其研究学术之著作，而不在其文也。[②]

---

① 首发《申报》（国庆纪念增刊），自1922年10月10日起登载，今据胡适：《五十年来中国之文学》，载《胡适全集》（第2卷），第283页。

② 胡先骕：《评胡适五十年来中国之文学》，《学衡》第18期，1923年6月。

陈子展在他的《中国近代文学之变迁》中提到：

他（指章炳麟——引者注）以为这种文体还不如他所轻视的桐城派。其实这种文体正从桐城派、八股文以及其他古体文解放而来，比桐城派古文更为有用，更为适合于时代的需要。而且这种解放是“文学革命”的第一步，是近代文学发展上必经的途径。①

周作人回忆：

梁任公的文章是融合了唐宋八家，桐城派，和李笠翁，金圣叹为一起，而又从中翻陈出新的。这也可算他的特别工作之一。在我年小时候，也受了他的非常大的影响，读他的《饮冰室文集》《自由书》《中国魂》等都非常有兴趣。他的文章，如他自己在《清代学术概论》中所讲，是“笔锋常带情感”，因而影响社会的力量更加大。②

通过上面的大致梳理，可见无论是同时代人抑或后世的评论者，都对梁任公充满情感“魔力”的“新文体”印象深

① 陈子展：《中国近代文学之变迁》，上海：中华书局，1929年，第121—122页。

② 周作人：《中国新文学的源流》，北平：人文书店，1932年，第95页。

刻。正如陈子展所总结的那样，近代散文文体的变革，由“古文”到“新文体”，文体越来越注重实用、越来越求解放、文字越来越通俗且越来越讲求文法。值得注意的是，他并非独立地将“新文体”看作是梁任公独自的“发明”，而认为它是“近代文言散文”成熟的标志①。

相较于叶德辉、严复的评价稍显意气之争或者论敌的故意刁难，后来的罗家伦、胡适、胡先骕、陈子展、周作人等作为梁启超文章阅读者的“后生”，评价或稍许客观。他们大多有过旧式教育与文章研习的经历，但又经历过新思潮的“洗礼”，有着更为宏阔的比较视野。综合他们的阅读“感受”，可以得出以下一些结论：

（1）梁启超经历过所谓的“桐城时代”，且深受桐城文风的影响；

（2）“新文体”与古文、八股、骈文等有承接关系，但又似是而非；

（3）“新文体”情感充沛来自对传统文体的承续。

先来看八股文章代表的“时文”。科举文章是很讲究声调的，且具有一定的音乐成分。即使是用于科举考试而陷于弊端种种的“八股文”，也十分讲究对仗和节奏，比如“八股”中间的两股就十分讲究平仄和对仗，追求音韵和谐。周

① 在《最近三十年中国文学史》中陈子展称之为“政论散文”。陈子展：《中国近代文学之变迁》，上海：中华书局，1929年，第125页；《最近三十年中国文学史》，上海：太平洋书店，1930年，第115—116页。

作人就曾在《论八股文》[1] 中提及从前考试落第的人，只需要认真去“读”，将各种调子的文章都读到一定的数量，便会掌握音韵感觉，考试时依韵填文，便可成功。

其次再来看“桐城文章”。古文家并非只是一味地伏案阅读或者撰述文章，讲究“声入心通”的他们“能够”很好地将“阅”（目治）与“读”（耳治）结合起来，将耳朵听到的古典的节奏视为一种享受。试看桐城鼻祖方苞的叙述：

> 北固终世为羁于京师，而余往来流滞者亦十年。每愁思无聊，或中有所得，辄思见北固，计旬日中，必再三宿其寓斋。余疲疴困惫，恒先就寝，而使北固诵诗歌古文，卧而听之，静夜声朗然，率以为常。[2]

无独有偶，桐城派的另一位古文家曾文正公也曾说过：

> 读书之法，看、读、写、作，四者每日缺一不可。看者，如尔去年看《史记》《汉书》，韩文《近思录》，今年看《周易折中》之类是也。读者，如《四书》《诗》《书》《易经》《左传》诸经、《昭明文选》、李杜韩苏之诗、韩欧曾王之文，非高声朗诵则不能得其雄伟

① 岂明（周作人）：《论八股文》，《骆驼草》第2期，1930年5月19日。
② 方苞：《刘北固哀辞》，载《方望溪全集》，北京：中国书店，1991年，第222页。

之概，非密咏恬吟则不能探其深远之韵。[1]

可以看到，把握文章的音乐性及其节奏是大多数古文家的自觉追求，而经历过科举考试和所谓“桐城时代”的读书人皆受到一定程度的影响。尽管在《清代学术概论》中梁启超一再申述“夙不喜桐城派古文”，幼年为文，也是学习“晚汉魏晋”的文章，但他多次参加科举考试，对传统的文章文体十分熟悉，并且像桐城派姚鼐编选的《古文辞类纂》乃至曾文正公的文集，都熟读成诵。联系到《清代学术概论》写作的时间，梁启超又在“追着青年跑”（胡适语）了。文学革命将桐城古文列为标靶加以攻击，又因为一众文人学者追慕晚汉、魏晋文章[2]，所以梁启超有临时改口之嫌疑。

二、“新文体”的“欧风”：日本“文”的演变

我们仍需要考察一下当时日文的词汇以及文体学上的一些特征，以便对“新文体”有一个较为全面的认知。大约19世纪80年代，日语自身即开始文体改革，这与日本现代民族国家的建立有着一致性。在“言文一致”运动中，时人亦在

---

① 曾国藩：《曾国藩家书》，李金水编译，南昌：江西美术出版社，2018年，第114页。

② 参见柳雨青：《“声”与“文”：晚清民初的六朝想象》，硕士学位论文，台湾大学，2017年。

思考和文体、汉文体以及因学习和翻译英文而来的欧文翻译体之间的融合问题。梁启超所崇敬的日本大文豪矢野文雄认为文体并非一成不变，而是发展变化的，但亦须遵循相关法则，其所撰《文体论》（1887）对日本其时文体杂用之现状即有论述：

> 今ヤ我邦ノ文体ニ四種アリ曰く漢文体ナリ曰く和文体ナリ曰く欧文直訳体ナリ曰く俗語俚言体ナリ而テ是四種ノ者各々長短ナキ能ハス概シテ之ヲ論スレハ悲壮典雅ノ場合ニ宜シキ者ハ漢文体ナリ優柔温和ノ場合ニ宜シキ者ハ和文体ナリ緻密精確ノ場合ニ宜シキ者ハ欧文直訳体ナリ滑稽曲折ノ場合ニ宜シキ者ハ俗語俚言体ナリ①

矢野文雄写作此文的时间（1887），大约正是日文中引入欧文直译体的时间，这种文体注重逐字翻译，具有严谨科学的性质，德富苏峰主办《国民之友》中的文章是其集中显现。欧文直译体仍然会引进新的名词，同时也产生一些新变，

---

① 原文无标点。译为中文大意为：今者，我邦之文体有四：曰汉文体，曰和文体，曰欧文直译体，曰俗语俚言体。而此四者各具长短。概而论之：悲壮典雅之场合，宜用汉文体；优柔温和之场合，宜用和文体；细腻精准之场合，宜用欧文直译体；诙谐错综之场合，宜用俗语俚言体。参见矢野文雄：《文体论》，载伊藤整等监修《日本近代文学大系·第 2 卷·明治政治小说集》，东京：角川书店，1974 年，第 451—452 页。感谢南京师范大学中北学院许蓓蓓老师在日语翻译上的指导和帮助。

如接头、结尾词的发达，第三人称词的性别区分以及被动态等的采用等。如矢野所言，各种文体皆有自身优长，在其时盛行的政治小说以及政论型学术文章中，所采用的多为汉文训读体。而这些，正是梁启超居日期间大量接触到的，也是他可以快速“翻译”出《佳人奇遇》这类小说的原因。正是在大量阅读日文图书的基础上，他产生了变革既定文体的意识。

梁氏后来撰写《中国历史研究法补编》时表示：“为什么要作文章？为的是作给人看。尤其是历史的文章，为的是作给人看。若不能感动人，其价值就减少了。作文章，一面要严谨，一面要加电力。……不能使人感动，算不得好文章。”① 其“电力”何在呢？相较于中国学者更多强调本土传统的影响，日本学者的归纳或许值得参考。佐藤一郎将“新文体”的特征归纳为六个方面：

> 1. 主张的内容与目的有明显的规定。政治上是君主立宪制（1902 年前后是革命排满共和论），哲学上是掺入东洋思想的进化论。他的信念赋予其文章以扩张力和说服力。[“新文体”蕴含“新知识”]
>
> 2. 通国内及各国的动向，切时务，并具有精深的中

① 梁启超：《中国历史研究法补编》，载《梁启超全集》（第 14 集），第 82—83 页。

国古典知识。[即“启人思”]

3. 文章有节奏感。蹈沿古文之法又添加新风之调。

4. 修辞上由于对称，破调很少，多用对偶式的表现，喜好条款式、对照式的分类。这使有古文素养的读者容易理解。

5. 语汇方面采入日本作成的新熟语、译语，使其文章有新鲜感。[即“陌生化”]

6. 梁启超自己也承认他的文章有一种情感，能打动读者的心弦。[即“增人感”]①

训读本身也可视为一种“翻译”，梁氏曾有文章表达自己的翻译观念：“译书有二蔽：一曰徇华文而失西义，二曰徇西文而梗华读，夫既言之矣。翻译之事，莫先于内典，翻译之本，亦莫善于内典，故今日言译例，当法内典。……先游身毒（印度），学其语，受其义，归而记忆其所得，从而笔之。言译者当以此义为最上，……凡译书者，将使人深知其意，苟其意靡失，虽取其文而删增之、颠倒之，未为害也。”②

正是基于这种认知，再加上身临其境的感染，他才有了观念与实践两个层面的新变。于是，“新文体”融“知识”

① [日] 佐藤一郎：《中国文章论》，赵善嘉译，上海：上海古籍出版社，1996 年，第 224 页。括号中的内容为笔者的概括性词语。

② 梁启超：《变法通议·论译书》，载《梁启超全集》（第 1 集），第 86 页。

与“情感”于一身，产生了一种“陌生化”的效果。正如陈子展所说的，“新文体”既不似晚汉魏晋，又不似桐城派古文，也不似科举考试的八股文，乃是“变种”。爱德华·萨皮尔（Edward Sapir）也曾说过：“历经几世纪的传播，中文如洪水般涌入朝鲜语、日语、安南语的语汇中，却未曾受到任何反哺。”① 综合本书的论述，“新文体”正是在“往东来”中，融合了汉文体、和文体以及欧文直译体风格的过渡产物。

这种新兴文体伴随着科举考试的改革，曾在读书人群体中产生过巨大的影响。1902 年 12 月，黄遵宪致信梁启超就提及半年之内，大小报纸都在模仿梁启超所办报刊的文风，“乃至新译之名词，杜撰之语言，大吏之奏折，试官之题目，亦剿袭而用之。精神吾不知，形式既大变矣；实事吾不知，议论既大变矣”②，且剿袭、引用《新民丛报》文章取得科第的人，也越来越多。

后来学习梁启超文章的人，只是学了他气势磅礴的堆砌与排比，而少了逻辑的严密与整饬。此后，以章士钊为代表的逻辑文的兴起，更加剧了“新文体”的衰落，1905—1907

① 爱德华·萨皮尔：《语言：言语研究导论》，转引自［日］子安宣邦：《汉字论：不可回避的他者》，顾春译，北京：生活·读书·新知三联书店，2021 年，第 1 页。

② （清）黄遵宪：《致梁启超函》（1902 年 12 月），载陈铮编《黄遵宪全集》（上册），北京：中华书局，2005 年，第 449 页。

年间《民报》与《新民丛报》的论战即是过渡[1]。

小　结

书面语言范式及文体变革，在近代中国文学转型中具有标志性意义。在这一过程中，立于时代舞台的梁启超及其文学实践具有开风气之先的历史性意义。梁氏“流质多变”的转型期文化品格，与其不断“遭遇”新知识、新思想、新文化相关。在“西学东渐”的时代背景下，梁氏广泛阅读古今中西各种典籍，并通过报章宣传实践，更新着既定的文体。“新文体”的实践不仅是一种文体创新，更是一种思想启蒙和社会变革的呼声。他的短暂实践为中国现代文学的发展开创了新的思路和方向。以梁启超为代表的“新文体”“文界革命”等晚清语言文字革新运动，一个重要指向是改良文言，将典雅的古文转化为通俗易懂的语体文。由此，改良古文是那一代人所具有的特色，化雅向俗、启蒙群众才是根本目的，时文更加注重“精神气质”而相对忽略“形式”一面。相较于晚清一代，后来的五四文学革命一代则更加彻底，白话文确立为通行文体后，还要进一步的“改良白话”，使之成为适用于现代新思想之表达工具。

---

① 对于梁启超此阶段文章的过渡特征以及他对传统古文文章的改造，学者已有论述，此处兹不赘述。如文贵良：《梁启超对八股文的解构：从“二分对比”的改装到“三段论法”的引入》，《文艺理论研究》2010 年第 2 期。

梁氏后坦言想要通过文章把思想传达给人家，就要追求“有内容”“有系统”，故而要摈弃八股文章和骈体的应酬文字。此外，还要讲求逻辑“言之有物”“言之有序”，文章篇幅要适中，表意明晰。至于做文章的步骤，则在“结构”与“修辞”二端[①]。可见他已认识到“新文体”存在的一些弊病。一代人有一代人的使命。当后生小子承认并且批判作为奠基者的梁启超时[②]，他们大概也有建立新的历史秩序的强烈愿望。如此，新的使命将由“新青年”们来完成。

---

① 参梁启超：《中学以上作文教学法》，载《梁启超全集》（第16集），第14—15页。

② 梁氏的实践给了后来者无穷的资源。郑振铎认为他：“将所谓恹恹无生气的桐城文坛打得个粉碎。”参郑振铎：《梁任公先生》，《小说月报》第20卷第2号，1929年2月。钱玄同也表示：“梁任公先生实为近来创造新文学之一人。……鄙意论现代文学之革新，必数及梁先生。”参钱玄同：《寄陈独秀》（1917年2月25日），载张若英编《中国新文学运动史资料》，上海：光明书局，1934年，第54页。

结语：人·文·学以及现代学术的启示

在中国近代史上，梁启超是一个具有重要影响力的思想家和学者，他的早期读书生活主要是在传统儒家教育环境中进行的，传统家庭教育是其主要内容。然而，他在青年时期，随着西学东渐和中国社会的变化，特别是拜师康有为以后，开始接触新的思想潮流。受时代风气影响，他的阅读范围逐渐扩展，开始关注西方的文学、哲学和政治思想，逐渐形成了新的阅读习惯和思想观念。这种多元化的阅读方式不仅影响了他个人的思想发展，也代表了中国知识界从封闭走向开放的趋势。将其放在代际更替的框架中进行考察，这一多样化的阅读过程则反映了当时中国知识界向现代化迈进的初步趋势。梁启超的早期读书生活展示了近代中国阅读史在传统与现代之间的转型，他在青少年时期的阅读经历不仅奠定了他后来思想、文章风格的基础，也为我们理解近代中国知识界的变化提供了独特的视角。

从阅读史切入研究作家的知识结构、思想资源的形成，梁启超本人即有自觉。《中国近三百年学术史》中论及顾炎武时说道："然则他自己博学于文的方法怎么样呢？他虽没有详细指授我们，我们可以从他的传记和著述中约略看出些来。书籍自然是学问主要的资料。亭林之好读书，盖其天性。……亭林所以能在清代学术界占最要位置，第一，在他做学问的方法，给后人许多模范；第二，在他所做学问的种类，替后人开出路来。……大抵亭林所有学问心得，都在这书中见其梗概。"① 因而，要探究一个作家/学者创作的"存在之由，变迁之故"，梳理其阅读史并以之为方法，将是一条有效的路径。从这个意义上来说，这一方法路径就有了"发生学"层面的意义。通过对其阅读历程的深入研究，我们不仅能够更好地理解梁启超的思想发展，还能够从中汲取对于现代学术研究和文化传承的有益启示。

首先，是阅读与思想的互动。梁启超的阅读史展示了个人知识积累与思想创新之间的密切联系。从其早年接触《瀛环志略》的震惊，到后来深入研究佛教经典，梁启超的每一次阅读都伴随着对现有知识的挑战和对新思想的探索。这种阅读与思想的互动，为我们提供了一个理解知识如何转化为创新思维的生动案例。其次，跨文化交流的重要性。梁启超在日本的学习和阅读经历，尤其是对"和文汉读"的启示，凸显了跨文化交流在学术发展中的重要作用。通过接触不同的文化和知识体系，梁启超能够拓宽视野，吸收新知，这对

① 梁启超：《中国近三百年学术史》，载《梁启超全集》（第12集），第364—367页。

于任何时代的学者来说都是宝贵的经验。第三，注重博涉与专精。在书的选择上不可误入歧途，“大抵必读专集，毋读选本；必学大家，毋学近人”，且“非有所专精，则不能实有之于已；非有所涉猎，则无以博达而旁通也”①。

梁启超在文体上的创新，尤其是他所创造的“新文体”，不仅丰富了汉语的表达方式，也促进了新知识的传播。这一点对于当代学者而言，意味着在学术写作中应不断探索更为有效的沟通和表达方式。他对佛学的研究，不仅体现了他个人的精神追求，也反映了佛学在近代中国社会中的影响力。概而言之，梁启超的阅读史对当代学术研究和文化传承提供了多方面的启示，它鼓励我们不断追求知识的更新，勇于进行思想的创新，同时也提醒我们在全球化的背景下重视跨文化交流与合作。

---

① 梁启超：《致林献堂》（1911 年 4 月 22 日），载《梁启超全集》（第 19 集），第 308—309 页。

附录一：梁启超阅读、著述编年纪事[①]（1873—1929）

1873年（清同治十二年癸酉/日本明治六年[②]）一岁

2月23日（正月二十六），生于广东省新会县熊子乡茶坑村。

1877年（清光绪三年丁丑/日本明治十年）五岁

“四五岁就王父及母膝下授四子书、《诗经》，夜则就睡王父榻，日与言古豪杰哲人嘉言懿行，而尤喜举亡宋、亡明国难之事，津津道之。”【三十自述，4集，107页[③]】

1878年（清光绪四年戊寅/日本明治十一年）六岁

“六岁后就父读，受中国略史，五经卒业。”【三十自述，

① 本表的编订参考了以下文献资料，特此致谢：《梁启超全集》（汤志钧、汤仁泽编，中国人民大学出版社，2018年）、《梁启超年谱长编》（丁文江、赵丰田编，上海人民出版社，2009年）、《梁启超年谱》（吴天任，广东人民出版社，2018年）以及《中国现代文学编年史（第一卷1895—1905）》（胡福君、陈晖主编）。本表中“□”表示原文模糊不清的内容，凡着重号均为原文所有，括号内的文字系原文中低半格的作者本身的解释说明文字，“[ ]”中的文字系讹误或脱漏的文字，全表统一，特此说明。

② 因梁启超行迹跨晚清、民国且与日本密切相关，故纪年采用公元纪年、传统纪年以及日本纪年三者同步的方式呈现。

③ 依据《梁启超全集》标明卷数及页数，便于读者查阅，下同。

4 集，107—108 页】

“六岁就外傅，启蒙师乃张乙星先生，先王父仲姊之子也。”【梁启勋《曼殊室戊辰笔记》】

1879 年（清光绪五年己卯/日本明治十二年）七岁

“有客到访莲涧，先生上前奉茶，客人欲试一试他的聪明如何，就出了一句‘饮茶龙上水’命他对，先生不假思索，应声答道：‘写字狗扒田。’上联是新会俗语，下联对的也是新会俗语。……接着又出了一句‘东篱客采陶潜菊’命他对，他随口答以‘南国人怀召伯棠’。”【佳木《梁启超故乡述闻》，《广东文史资料》第十二辑】

1880 年（清光绪六年庚辰/日本明治十三年）八岁

“八岁学为文。”【三十自述，4 集，108 页】

“先君子屡试不得志，迨伯兄八岁时，乃绝意进取，设教于乡。其设教也，不过召集数儿以伴伯兄之读而已。”【梁启勋《曼殊室戊辰笔记》】

1881 年（清光绪七年辛巳/日本明治十四年）九岁

“九岁能缀千言。”【三十自述，4 集，108 页】

1882 年（清光绪八年壬午/日本明治十五年）十岁

“我为童子时，未有学校也。我初认字，则我母教我，直至十岁，皆受学于我祖父，我父、我祖父母及我父母皆钟爱我，并责骂且甚少，何论鞭挞；然我亦尝受鞭三次，至今犹历历可记，汝等愿闻此老受鞭之故乎？”【我之为童子时，4集，111页】

“十岁就学于邑城周惺吾先生。是岁始应童子试，当时内河轮船未通，赴广州应府试者辄结伴买一舟，水程三日，同行皆父执。一日舟中共饭，时一人指盘中咸鱼为题，命伯兄吟诗，伯兄应声曰：‘太公垂钓后，胶鬲举盐初。’满座动容，神童之名自此始。”【梁启勋《曼殊室戊辰笔记》】

1883年（清光绪九年癸未/日本明治十六年）十一岁

“启超本乡人，瞢不知学，年十一游坊间，得张南皮师之《輶轩语》、《书目答问》，归而读之，始知天地间有所谓学问者。”【变法通议·论幼学，1集，66页】

1884年（清光绪十年甲申/日本明治十七年）十二岁

“十二岁应试学院，补博士弟子员，日治帖括，虽心不慊之，然不知天地间于帖括外，更有所谓学也，辄埋头钻研，顾颇喜词章。王父、父母时授以唐人诗，嗜之过于八股。家贫无书可读，惟有《史记》一，《纲鉴易知录》一，王父、父日以课之，故至今《史记》之文能成诵者八九；父执有爱其慧者，赠以《汉书》一，姚氏《古文辞类纂》一，则大喜，读之卒业焉。”【三十自述，4集，108页】

1885 年（清光绪十一年乙酉/日本明治十八年）十三岁

“十三岁始知有段、王训诂之学，大好之，渐有弃帖括之志。”【三十自述，4 集，108 页】

“启超年十三，与其友陈千秋同学于学海堂，治戴、段、王之学，千秋所以辅益之者良厚。”【清代学术概论（二十五），10 集，277 页】

“十三学于广州之吕拔湖先生。”【梁启勋《曼殊室戊辰笔记》】

“启超乡曲陋学，十三以后[①]，得读吾师训士之书，乃知天地间有学问之一事。”【上南皮张尚书书（1896 年），19 集，621 页】

1886 年（清光绪十二年丙戌/日本明治十九年）十四岁

“十四学于佛山陈梅坪先生。”【梁启勋《曼殊室戊辰笔记》】

1887 年（清光绪十三年丁亥/日本明治二十年）十五岁

“时肄业于省会之学海堂，堂为嘉庆间前总督阮元所立，以训诂词章课粤人者也。至是乃决舍帖括以从事于此，不知天地间于训诂词章之外，更有所谓学也。”【三十自述，4 集，

① 与《变法通议·论幼学》所述矛盾，待考。

108 页】

“十五学于广州之石星巢先生，时石先生设教于广府翰墨池。……月考有奖赏，名曰膏火，依等第以为厚薄，所以养寒士也。伯兄买书之费悉出于此。每届年假辄捆载而归，以余所见，如正续《皇清经解》、《四库提要》、《四史》、《二十二子》、《百子全书》、《粤雅堂丛书》、《知不足斋丛书》，皆当日之所购。”【梁启勋《曼殊室戊辰笔记》】

“有石星巢先生，吾少年受业师，……此老旧学尚好，吾十五六时之知识，大率得自彼也。”【致梁思顺（1913 年 1 月 25 日），20 集，44 页】

1888 年（清光绪十四年戊子/日本明治廿一年）十六岁

“十六岁入学海堂为正班生。同时又为菊坡、粤秀、粤华之院外生。”【梁启勋《曼殊室戊辰笔记》】

“学海堂省城专治经学之所，学生称专经生，与并行者菊坡书院专治词章。”【梁思成《致在君先生书》】

1889 年（清光绪十五年己丑/日本明治廿二年）十七岁

广东乡试，得第八，李端棻以妹字之。“己丑年十七，举于乡，主考为李尚书端棻、王镇江仁堪。”【三十自述，4 集，108 页】

“卓如十七岁从学海堂专科生。季课大考，四季皆第一。自有学海堂以来，自文廷式外，卓如一人而已。”【任公大事

记】

“十六七岁从陈石樵、石星巢两先生。”【任公少年事记】

1890 年（清光绪十六年庚寅/日本明治廿三年）十八岁

“年十八计偕入京师，父以其稚也，挈与偕行，李公以其妹许字焉。下第归，道上海，从坊间购得《瀛环志略》读之，始知有五大洲各国，且见上海制造局译出西书若干种，心好之，以无力不能购也。”【三十自述，4 集，108 页】

“其年秋，始交陈通甫。……于是乃因通甫修弟子礼事南海先生。时余以少年科第，且于时流所推重之训诂词章学，颇有所知，辄沾沾自喜。先生乃以大海潮音，作狮子吼，取其所挟持之数百年无用旧学，更端驳诘，悉举而摧陷廓清之。自辰入见，及戌始退，冷水浇背，当头一棒，一旦尽失其故垒，惘惘然不知所从事，且惊且喜，且怨且艾，且疑且惧，与通甫联床，竟夕不能寐。明日再谒，请为学方针，先生乃教以陆王心学，而并及史学、西学之梗概。自是决然舍去旧学，自退出学海堂而间日请业南海之门，生平知有学，自兹始。”【三十自述，4 集，108 页】

手批《四库提要》六十或八十册。“彼粤寓尚有先严十八岁时手批《四库提要》六十或八十册，并手写《兰亭》，惟不知尚存在否，此真可称无价之宝矣。”【梁思成《致在君先生书》】

1891 年（光绪十七年辛卯/日本明治廿四年）十九岁

康有为设教于广州长兴里万木草堂，著《长兴学记》以为学规。“与诸子日夕讲业，大发求仁之义，而讲中外之故，救中国之法。……七月《新学伪经考》刻成，陈千秋、梁启超助焉。”【康南海自编年谱】

“稍长，游南海康先生之门，得《长兴学记》，俯焉孜孜从事焉。”【变法通议·论幼学，1 集，66 页】

“辛卯，余年十九，南海先生始讲学于广东省城长兴里之万木草堂，徇通甫与余之请也。先生为讲中国数千年来学术源流，历史政治沿革得失，取万国以比例推断之。余与诸同学日札记其讲义，一生学问之得力，皆在此年。先生又常为语佛学之精奥博大，余夙根浅薄，不能多所受。先生时方著《公理通》《大同学》等书，每与通甫商榷，辨析入微，余辄侍末席，有听受，无问难，盖知其美而不能通其故也。先生著《新学伪经考》，从事校勘；著《孔子改制考》，从事分纂。日课则《宋元明儒学案》、二十四史、《文献通考》等，而草堂颇有藏书，得恣涉猎，学稍进矣。其年始交康幼博。”【三十自述，4 集，108—109 页】

“越三年，而康有为以布衣上书被放归，举国目为怪。千秋、启超好奇，相将谒之，一见大服，遂执业为弟子，共请康开馆讲学，则所谓万木草堂是也。二人者学数月，则以其所闻昌言于学海堂，大诋诃旧学，与长老侪辈辩诘无虚日。有为不轻以所学授人，草堂常课，除《公羊传》外，则点读

《资治通鉴》《宋元学案》《朱子语类》等，又时时习古礼，千秋、启超弗嗜也，则相与治周、秦诸子及佛典，亦涉猎清儒经济书及译本西籍，皆就有为决疑滞。居一年，乃闻所谓‘大同义’者，喜欲狂，锐意谋宣传。有为谓非其时，然不能禁也。”【清代学术概论·二十五，10 集，277 页】

1892 年（光绪十八年壬辰/日本明治廿五年）二十岁

“明年壬辰，年二十，王父弃养。自是学于草堂者凡三年。”【三十自述，4 集，109 页】

夏，偕妻南归，购书阅读，变法维新的主张日益坚定。“二十岁壬辰，正月二十日，先王父见背。春闱乃李苾园为总裁，欲通一关节，伯兄却之。是年夏，偕伯嫂李夫人南归，乡居一年有奇。斯时于国学书籍而外，更购江南制造局所译之书，及各星轺日记，与英人傅兰雅所辑之《格致汇编》等书。”【梁启勋《曼殊室戊辰笔记》】

1893 年（光绪十九年癸巳/日本明治廿六年）二十一岁

2 月 16 日，“启超半载以来，读书山中，每与诸同志纵论世变，退息虑而熟思之，……中国人士，寡闻浅见，专己守残数百年，若坐暗室之中，一无知觉。创一新学，则沮挠不遗余力；见一通人，则诋排有如仇雠。”【致汪康年书，19 集，415 页】

1894 年（清光绪二十年甲午/日本明治廿七年）二十二岁

“甲午，年二十二，客京师，于京国所谓名士者多所往还。六月，日本战事起，惋愤时局，时有所吐露，人微言轻，莫之闻也。顾益读译书，治算学、地理、历史等。”【三十自述，4 集，109 页】

本年冬，康有为游桂林，为《桂学答问》一卷，梁启超据之作《读书分月课程》以训门人。【读书分月课程，1 集，10 页】

“南海先生复有《桂学答问》，甲午游粤西告桂人士者，其言较《长兴学记》为切近。岁甲午，余授学于粤，曾为《读书分月课程》以训门人，近复为《读西学书法》以答问者，皆演师友末说，靡有心得，童蒙之求，所弗辞耳。仁和叶瀚为《读书要略》，条理秩然，盖便初学，学童鼓箧之始，依此数书，当有途径。向者每欲荟萃中外古今，为《群学源流》一书以教学究，恨学浅于薄，仅成数篇，海内君子，庶几成之，嘉惠来者焉。”【变法通议·论幼学，1 集，66 页】

“穗卿是晚清思想界革命的先驱者。穗卿是我少年做学问最有力的一位导师。……我们都学佛，但穗卿常常和我说：‘怕只有法相宗才算真佛学。’那时窥基的成唯识论述记初回到中国，他看见了欢喜得几乎发狂。……我十年来久想仿阎百诗《古文尚书疏证》的体例，著一部佛顶楞严经疏证，三年前见穗卿和他谈起，他很高兴，还供给我许多资料。我这部书不知何年何月才做成，便做成也不能请教我的导师了。”

【亡友夏穗卿先生（1924 年 4 月 23 日），17 集，319—323 页】

1895 年（光绪二十一年乙未/日本明治廿八年）二十三岁

“明年乙未，和议成，代表广东公车百九十人，上书陈时局。既而南海先生联公车三千人上书请变法，余亦从其后奔走焉。其年七月，京师强学会开，……余被委为会中书记员。不三月，为言官所劾，会封禁。而余居会所数月，会中于译出西书购置颇备，得以余日尽浏览之，而后益斐然有述作之志。其年始交谭复生[①]、杨叔峤、吴季清铁樵、子发父子。”【三十自述，4 集，109 页】

“京师之开强学会也，上海亦踵起，京师会禁，上海会亦废，而黄公度倡议续其余绪，开一报馆，以书见招。三月去京师，至上海，始交公度。七月《时务报》开，余专任撰述之役，报馆生涯自兹始，著《变法通议》《西学书目表》等书。【三十自述，4 集，109—110 页】

1896 年（清光绪二十二年丙申/日本明治廿九年）二十四岁

1 月 12 日，《强学报》创刊于上海，5 日刊，册报，铅字印刷。

---

① 梁启超和梁启勋均记作“乙未”（1895），全集整理者认为谭嗣同和梁启超的初次晤见，应在“丙申三月”（据《汪穰卿先生师友书札》第 1 集），第 474 页）。

9月7日，“吾乡黄君公度之言曰：‘语言与文字离，则通文者少；语言与字文合，则通文者多。中国文字，多有一字而兼数音，则审音也难；有一音而具数字，则择字也难；有一字而具数十撇画，则识字也又难。’（《日本国志》三十三。）呜呼！华民识字之希，毋亦以此乎？”【沈氏音书序，1集，112页】

9月20日，“八月十四日，宴复生、卓如、穰卿、燕生诸子于一品香，纵谈近日格致之学多暗合佛理，人始尊重佛书，而格致遂与佛教并行于世。”[①]【孙宝瑄《日益斋日记》】

9月27日，著《说橙》（刊于《时务报》）。

10月7日、17日，著《变法通议·论科举》（刊于《时务报》）。

10月17日，著《西学书目表序例》（作于本月7日[②]，刊于《时务报》第8册）。

10月18日，“弟近学拉丁文，已就学十余日，马眉叔自愿相授，每日两点钟，一年即可读各书，可无窒碍云。俟末岁相见时，君听我演说希腊七贤之宏旨也。”【致夏曾佑书，19集，475—476页】

本年，著《西学书目表》。

---

① 参孙宝瑄：《日益斋日记》，本年日记已佚，转引自丁文江、赵丰田编《梁启超年谱长编》，上海：上海人民出版社，2009年，第38页。

② 据时务报馆代印“光绪二十二年九月朔新会梁启超自叙”，当为1896年10月7日。

1897 年（清光绪二十三年丁酉/日本明治三十年）二十五岁

本时期常与谭嗣同交流佛学。“时谭复生宦隐金陵，间月至上海，相过从，连舆接席。复生著《仁学》，每成一篇，辄相商榷，相与治佛学，复生所以砥砺之者良厚。”【三十自述，4 集，109 页】

3 月 23 日，著《〈日本国志〉后序》。

4 月 11 日，“启超近读经[①]，渐渐能解，（亦不能尽解，解者渐多耳。）观《楞伽记》，于真如生灭两门情状，似仿佛有所见，然不能透入也。大为人事所累，终欠受六根驱役不能自主，日来益有堕落之惧。（日夕无一刻暇，亦静坐之时而无之，靡论读经。）既不能断外境，则当择外境之稍好者以重起善心，兄之间暇望如天上也。”【致夏曾佑书，19 集，477 页】

5 月 12 日，著《西政丛书》《〈说群〉自序》。

本月，著《〈论语〉〈公羊〉相通说》。

8 月 8 日、28 日，著《〈史记·货殖列传〉今义》。

8 月 18 日，著《〈春秋中国夷狄辨〉序》。

9 月 17 日，著《记东侠》。

9 月 26 日，著《〈新学伪经考〉叙》。

本时期，梁启超联合维新人士在上海集股创办大同译书局。

---

① 指的是佛经。

10 月 16 日，著《大同译书局叙例》。

10 月 26 日，著《万木草堂小学学记》。

11 月 15 日，著《读〈日本书目志〉书后》。

本月，“大约为开风气起见，先须广其识见，破其愚谬，……乃从而摩激其势力，鼓励其忠愤，使以保国、保种、保教为己任，以大局之糜烂，为身之耻疚，持此法以教之，间日必有讲论，用禅门一棒一喝之意，读书必有札记，仿安定经义治事之规，半年以后，所教人才，可以拔十得五，此间如学堂学生鼓箧不过月余耳。……若虑经费难筹，则先游学日本，日本虽小国，而三十年来智学之进，骎骎焉追及欧洲，我但先学日本，亦已足为吾目前之用矣。……每日苟定出时刻，以一两点钟读书，未必即无此暇晷也。”【上湘抚陈宝箴书，19 集，20 页】

12 月 24 日，著《湖南时务学堂学约十章》。

本年冬，著《读〈孟子〉界说》《读〈春秋〉界说》《湖南时务学堂答问》《湖南时务学堂札记》《湖南时务学堂课艺补遗梁批》《学堂日记梁批》《时务学堂功课详细章程》。

本年，“弟子自思所学未足，大有入山数年之志，但一切已办之事，又未能抛撇耳。近学算读史，又读内典，（旁注：读《小乘经》，得旧教颇多，又读《律论》。）所见似视畴昔有进，归依佛法甚至。窃见吾教太平、大同之学，皆婆罗门旧教所有，佛吐弃不屑道者，觉平生所学失所凭依，奈何？”【上康有为书，19 集，176 页】

本年，“《古议院考》乃数年前读史时偶有札记，游戏之作，彼时归粤，倚装匆匆，不能作文，故以此塞责。实则启超生平最恶人引中国古事以证西政，谓彼之所长，皆我所有。……顾以为中国历古无民主，而西国有之，启超颇不谓然。……《春秋》之言治也有三世：曰据乱，曰升平，曰太平。……西人百年以来，民气大伸，遂尔浡兴。中国苟自今日昌明斯义，则数十年其强亦与西国同，在此百年内进于文明耳。”【与严幼陵先生书，19 集，533—534 页】

1898 年（清光绪二十四年戊戌/日本明治卅一年）二十六岁

“南海先生方开保国会，余多所赞画奔走。四月，……命办大学堂译书局事务。时朝廷锐意变法，百度更新，南海先生深受主知，言听谏行，复生、暾谷、叔峤、裴邨，以京卿参预新政，余亦从诸君子之后，黾勉尽瘁。八月政变，六君子为国流血，南海以英人仗义出险，余遂乘日本大岛兵舰而东。”【三十自述，4 集，110 页】

“戊戌九月至日本，十月与横滨商界诸同志谋设《清议报》。自此居日本东京者一年，稍能读东文，思想为之一变。”【三十自述，4 集，110 页】

3 月 13 日，著《万木草堂书藏征捐图书器启》。

3 月 22 日，著《〈经世文新编〉序》。

6 月 17 日，“数日之内，世界屡变，或喜或愕，如读相宗书也。”【致夏曾佑书，19 集，480 页】

8 月 26 日，著《请饬一切书籍报章概免纳厘税呈》。

9 月 16 日，著《筹议京师大学堂章程》。

9 月 26 日，著《创办〈时务报〉源委》。

9 月 27 日，“数月以来，凡敝邦译出之西书无所不读，译出之西书无所不观。深知非变法不能自存，故毅然排众议而行之。”【致伊藤博文、林权助书，19 集，636 页】

约本年 10 月，著《梁启超与志贺重昂笔谈记录》。

12 月 23 日，“宗旨：一、维持支那之清议，激发国民之正气。二、增长支那人之学识。三、交通支那、日本两国之声气，联其情谊。四、发明东亚学术，以保存亚粹。规例：一、本报所刊录，约分六门：（一）支那人论说。（二）日本及泰西人论说。（三）支那近事。（四）万国近事。（五）支那哲学。（六）政治小说。”【《横滨清议报》叙例，1 集，679 页】

12 月 23 日，“政治小说之体，自泰西人始也。凡人之情，莫不惮庄严而喜谐谑，故听古乐则惟恐卧，听郑卫之音则靡靡而忘倦焉。此实有生之大例，虽圣人无可如何者也。善为教者，则因人之情而利导之，故出之以滑稽，或托之于寓言。……中土小说，虽列之于九流，然自虞初以来，佳制盖鲜，述英雄则规画《水浒》，道男女则步武《红楼》，综其大较，不出诲盗、诲淫两端。……在昔欧洲各国变革之始，其魁儒硕学、仁人志士，往往以其身之所经历及胸中所怀政治之议论，一寄之于小说，……往往每一书出，而全国之议论为之一变。……今特采外国名儒所撰述而有关切于今日中国时局者，次第译之，附于报末，爱国之士或庶览焉。”【译印政治小说序，1集，680—681页】

12月23日起，译《佳人奇遇》（日本东海散士前农商部侍郎柴四郎撰）[①]。

本年，“方今文明之运，西逝而东升。震旦之气，日摩月荡，必有侠君侠相侠士起而雪大耻、复大仇，以开新治、御外侮者。爰取《意大利兴国侠士传》译之，以告邦人，以验吾言焉。”【《意大利兴国侠士传》序，1集，683页】

本年，“余偶览群籍，摭攟《合邦新义》一书，考其人则森本丹芳，亦一时之豪杰也。”【《大东合邦新义》序，1集，684页】

本年，“在昔有汉学、宋学之争，于今有中学、西学之辨，究其终始，折中孔子而已。孔子创制法后，翻经演纬，俟圣不惑在大义，因时变通在微言。……南海先生忧之，讲学长兴里，著为《学记》，昭示来兹，爱同类以及异类，推孔教以仁万国。启超幸以爝火之明，得日月之照耀。迩者讲学长沙，仁智兹愧。惧大道之统或坠于眇躬，乃敬将此书上石，以馈天下焉。”【《长兴学记》叙，1集，688页】

本年，“于是研精构思，欲踵南海先生《长兴学记》之

① 《清议报》于创刊号起连载政治小说《佳人奇遇》，除第四册、第二十三册未载外，载至三十五册，此后未见续载。

余义，骈列一书，以质吾党，此《幼学通议》、《孟子界说》、《春秋界说》数篇所由嚆矢也。洎乙未余驻京师，乃得遍购所译西书，以充目力。适家弟启勋潜心西学，爰将读法层序，缀成一卷，纳举而条示之，名之曰《读西学书法》。去年秋，余又讲学湘南，凡属《学约》、《章程》，均余手定。内分专精、涉躐两门，固南海先生课学之常法，亦同学少年择善之标准也。……顷友人袖出一书，签曰《辅轩今语》。余阅之，盖徐研甫先生所撰者也。……爰据己意，首列《长兴学记》，次列《辅轩今语》，踵列余生平所缀各书，总名曰《中西学门径书七种》。……孔子生二千四百四十九年，为光绪二十四年三月。"【《中西学门径书七种》叙，1集，686—687页】

1899年（清光绪二十五年己亥/日本明治卅二年）二十七岁

1月2日，"《仁学》何为而作也？将以光大南海之宗旨，会通世界圣哲之心法，以救全世界之众生也。南海之教学者曰：'以求仁为宗旨，以大同为条理，以救中国为下手，以杀身破家为究竟。'《仁学》者，即发挥此语之书也。而烈士者，即实行此语之人也。"【《仁学》序，1集，689页】

3月13日，"我等读日本书所得之益极多极多。他日中国万不能不变法，今日正当多读些书，以待用也。望即以此意告之。"【致李蕙仙，20集，5—6页】

4月1日，"哀时客既旅日本数月，肄日本之文，读日本之书，畴昔所未见之籍纷触于目，畴昔所未穷之理腾跃于脑。

如幽室见日，枯腹得酒，沾沾自喜而不敢自私，乃大声疾呼，以告同志曰：我国人之有志新学者，盍亦学日本文哉！日本自维新三十年来，广求智识于寰宇，其所译所著有用之书，不下数千种，……皆开民智、强国基之急务也。”【论学日本文之益，1 集，704 页】

“时任公欲读日本书，而患不谙假名，以孝高本深通中国文法者，而今又已能日文，当可融会两者求得捷径，因相研索，订有若干通例，使初习日文径以中国文法颠倒读之，十可通其八九，因著有《和文汉读法》行世。”【罗孝高《任公轶事》】

4—10 月，著《国家论（德国伯伦知理著）》①。

6 月 28 日、7 月 8 日，著《论支那宗教改革》。

8 月 26 日，“自东徂以来，与彼都人士相接，诵其诗，读其书，时有所感触，与一二贤师友倾吐之，过而辄忘。……每有所触，应时援笔，无体例，无宗旨，无次序；或发论，或讲学，或记事，或钞书；或用文言，或用俚语，惟意所之。”【自由书·叙言，2 集，41 页】

8 月 26 日，“读松阴之集，然后知日本有今日之维新者，盖非偶然矣。……吉田松阴之流，先天下以自取败者也。……然后叹老氏之学之毒天下，未有艾也！”【自由书·成败，2 集，43 页】

---

① 系译文，未完。

9月5日，“于日本维新之运有大功者，小说亦其一端也。明治十五六年间，民权自由之声遍满国中，于是西洋小说中言法国、罗马革命之事者陆续译出，有题为自由者，有题为自由之灯者，次第登于新报中。自是译泰西小说者日新月盛，其最著者，则织田纯一郎氏之《花柳春话》，关直彦氏之《春莺啭》，藤田鸣鹤氏之《系思谈》、《春窗绮话》、《梅蕾余薰》、《经世伟观》等。其原书多英国近代历史小说家之作也。翻译既盛，而政治小说之著述亦渐起，如柴东海之《佳人奇遇》，末广铁肠之《花间莺》、《雪中梅》，藤田鸣鹤之《文明东渐史》，矢野龙溪之《经国美谈》（矢野氏今为中国公使，日本文学界之泰斗，进步党之魁桀也。）等。著书之人，皆一时之大政论家，寄托书中之人物，以写自己之政见，固不得专以小说目之。而其浸润于国民脑质最有效力者，则《经国美谈》、《佳人奇遇》两书为最云。”【自由书·文明普及之法[1]，2集，47页】

9月5日，“张公著《劝学篇》，以去岁公于世，挟朝廷之力以行之，不胫而遍于海内。其声价视孟的斯鸠之《万法精理》、卢梭之《民约论》、约翰·弥勒之《自由公理》初出世时，殆将过之。噫嘻！是嗫嗫嚅嚅者，何足道！不三十年将化为灰烬，为尘埃野马。……虽然，其于今者二三年中，

---

① 本标题据《清议报全编》，《饮冰室合集·专集》之二《自由书》收末三段，题为《传播文明三利器》。

则俨然金科玉律，与‘四书’、‘六经’争运矣。”【自由书·地球第一守旧党，2 集，50—51 页】

9 月 15 日，“曩读《亚东时报》，有题《草茅危言》者，日本深山虎太郎君所撰。为篇凡三，曰《民权》，曰《共治》，曰《君权》。皆源本泰西硕儒政体之论，切中中国时病者。”【自由书·草茅危言，2 集，57 页】

9 月 25 日、10 月 5 日，“日本中村正直者，维新之大儒也，尝译英国斯迈尔斯氏所著书，名曰《西国立志编》，又名之为《自助论》。其振起国民之志气，使日本青年人人有自立自重之志气，功不在吉田、西乡下矣。”【自由书·自助论序，2 集，62 页】

10 月 15 日，“欧洲近世医国之国手不下数十家，吾视其方最适于今日之中国者，其惟卢梭先生之《民约论》乎？……呜呼！《民约论》，尚其来东。……惟今世纪，地球万国，国国自主，人人独立，尚余此一土以殿诸邦。此土一通，时乃大同。”【自由书·破坏主义，2 集，71 页】

10 月 25 日，“今日所讲，乃译述加藤弘之先生之余论而引伸之者也。加藤先生者，日本大儒，与福泽谕吉先生齐名，盖德国学之导师、进化论之泰斗也。此篇所论，与人权自由之说若相悖，而实相成。”【自由书·论强权，2 集，76 页】

12 月 13 日，“蒙的斯鸠，法国人也。……千七百四十六年辞议员职，游历欧洲诸国。归国后，益潜心述作，先成《罗马盛衰原因论》、《英国政体论》两书。既乃成《万法精理》，以千七百五十年公于世，盖作者二十年精力之所集也。此书一出，全国之思想言论为之丕变，真有黄河一泻千里之势。仅阅十八月，而重印二十一次，可以想见其声价矣。当法皇路易第十四之际，君权专制政体正极全盛，及其殁后，弊害丛出，群治腐败，道德衰颓，宫廷教会尤为蠹政渊薮。然其时学术方进，英国文明之化日浸浸流入，于是国民新思想渐起，以反动力排斥政治之专制，教会之横恣者纷纷然矣。而蒙氏之书，乘时而出，所以哄动一世也。”【自由书·蒙的斯鸠之学说，2 集，82 页】

12 月 13 日，“浏阳之学，出乎天天，入乎人人。其大端具于《仁学》一书，我支那四千年未有之盛业，不待论矣。其零墨碎金，散于人间者，随时裒录之，以广其传。左三则为同志书箑之语也，其书在著《仁学》之后。”【自由书·谭浏阳遗墨，2 集，86 页】

12 月 23 日，著《国民十大元气论·叙论》（一名《文明之精神》）。

12 月 28 日，“余既戒为诗，乃日以读书消遣，读德富苏峰所著《将来之日本》及《国民丛书》数种，德富氏为日本三大新闻主笔之一，其文雄放隽快，善以欧西文思入日本文，实为文界别开一生面者，余甚爱之，中国若有文界革命，当亦不可不起点于是也。”【夏威夷游记，17 集，263 页】

本年，著《祭六君子文》。

本年，有读陆放翁（陆游）集诗四首。其一云：“诗界

千年靡靡风，兵魂销尽国魂空。集中什九从军乐，亘古男儿一放翁。”【读陆放翁集，17 集，583 页】

1900 年（光绪二十六年庚子/日本明治卅三年）二十八岁

3 月 1 日，“同一书也，考据家读之，所触者无一非考据之材料；词章家读之，所触者无一非词章之材料；好作灯谜酒令之人读之，所触者无一非灯谜酒令之材料；经世家读之，所触者无一非经世之材料。……各自占一世界，而各自谓世界之大已尽于是，此外千形万态，非所见也，非所闻也。”【自由书·慧观，2 集，96 页】

3 月 1 日，“日本德富苏峰所著《静思余录》中有文一篇，题曰《无名之英雄》者，余甚爱之。今摘译一二以实我《自由书》。”【自由书·无名之英雄，2 集，98 页】

3 月 21 日，“余昨读某报，有文一首，题曰《志士箴言》，吾读之肃然正襟，汗流浃背，深自愧，抑不敢不自励也。”【志士箴言，2 集，101 页】

4 月 5 日，“孺弟近何所为？常读东书否？望刻刻提起，勿稍懒散，我辈稍松劲，则更无面目复见天下。”【致叶湘南、麦孺博，19 集，546 页】

4 月 23 日，“弟子日间偶读《曾文正公家书》，猛然自省，觉得不如彼处甚多，觉得近年以来学识虽稍进，而道心则日浅，似此断不足以任大事。”【上康有为书，19 集，191 页】

4月29日，“前两旬偶读《曾文公集》，瞿然自省，觉事事不如彼，愈益内观，则疵累愈益多。”【上康有为书，19集，191页】

5月19日，“弟日来颇自克厉，因偶读曾文正家书，猛然自省，觉得非学道之人，不足以任大事。自顾数年以来，外学颇进，而去道日远，随处与曾文正比较，觉不如远甚。今之少年，喜谤前辈，……养心立身之道断断不可不讲。”【致叶湘南、麦孺博、麦曼宣、罗孝高，19集，547—548页】

本年，“曩译佳人奇遇成，每生游想涉空冥。从今不羡柴东海，枉被多情惹薄情。”【纪事二十四首（二十二），17集，590—591页】

本年，“横流沧海非难渡，欲向文殊叩法门。”【《奉酬星洲寓公见怀一首，次原韵》，17集，591页】

本年，“**其二**：我所思兮在何处？卢（卢梭）孟（孟德斯鸠）高文我本师。铁血买权惭米佛，昆仑传种泣黄羲。宁关才大难为用，却悔情多不自持。来者未来古人往，非君谁矣喻余悲。”【次韵酬星洲寓公见怀二首并示遯庵，17集，594—595页】

1901年（清光绪二十七年辛丑/日本明治卅四年）二十九岁

“辛丑四月，复至日本。尔来蛰居东国，忽又岁余矣，所志所事，百不一就，惟日日为文字之奴隶，空言喋喋，无补时艰。……一年以来，颇竭棉薄，欲草一中国通史以助爱国思想之发达，然荏苒日月，至今犹未能成十之二。”【三十自述，4 集，110 页】

4 月 29 日—7 月 6 日，“本馆总撰述梁君近著《中国近十年史论》一书，此其第一章也，顷由澳洲将原稿邮来，亟刊报，以供先睹为快。”【中国积弱溯源论，2 集，252 页】

9 月 3 日、13 日，著《中国史叙论》。

10 月 3 日，著《自由书·十九世纪之欧洲与二十世纪之中国》。

11 月 1 日，“倭儿可士鸠者，俄国革命党之巨子也。英京伦敦有‘俄罗斯自由同志会’，而倭氏实为其会报主笔。于今年二十世纪之初开幕，著录闳论一篇，名曰《俄人之自由思想》。今译录之，俾我国民知俄国之舆情及其将来变迁之种子，而因以自择焉。”【自由书·俄人之自由思想，2 集，115 页】

11 月 1 日、11 日，著《霍布士（Hobbes）学案》。

11 月 11 日，著《斯片挪莎（Baruch Spinoza）学案》。

11 月 21 日，12 月 1 日、21 日，著《卢梭（Jean Jacques Rousseau）学案》

12 月 1 日，“十年矜心作意以为之者。尝读《史记·李广列传》，云：广出猎，见草中石，以为虎。射之中石，没羽。视之，石也。因复更射之，终不能复入石矣。由此观之，射石没羽，非李将军平生之惯技，不过此一刹那间，如电如火，

莫或使之，若或使之，曰惟烟士披里纯之故。”【自由书·烟士披里纯（Inspiration），2集，126页】

12月1日，“顷读日本《国民新闻》，有德富苏峰氏所著论，题曰《无欲与多欲》，其论颇有精深透拔者，故录之而演其义。”【自由书·无欲与多欲，2集，129页】

12月21日，“偶阅德富苏峰所著书，有译机埃的氏格言数则，辄重译之以实《自由书》。”【自由书·机埃的格言，2集，133页】

12月21日，著《南海康先生传》。

12月26日，“中国旧文体，凡记载一人事迹者，或以传，或以年谱，或以行状，类皆记事，不下论赞，其有之则附于篇末耳。然夹叙夹论，其例实创自太史公《史记》：《伯夷列传》、《屈原列传》、《货殖列传》等篇皆是也。后人短于史识，不敢学之耳。著者不敏，窃附斯义。……吾读日本报章，有德富苏峰著论一篇，其品评李鸿章有独到之点，兹译录如下。”【中国四十年来大事记（一名《李鸿章》），2集，388页、455页】

1902年（清光绪二十八年壬寅/日本明治卅五年）三十岁

“惟于今春为《新民丛报》，冬间复创刊《新小说》，述其所学所怀抱者，以质于当世达人志士，冀以为中国国民遒铎之一助。”【三十自述，4集，110页】

2月8日，著《论学术之势力左右世界》。

2 月 8 日，著《劫灰梦传奇　楔子一出　独啸》。

2 月 8 日、22 日，著《近世文明初祖二大家之学说》。

2 月 8 日—11 月 14 日，“佛典之疏注家常于全书之首冠以‘悬谈’，盖总提其贯于全书之诸大义者也，今用其名。”【新史学，2 集，505 页】

2 月 8 日—1906 年 1 月 9 日，著《新民说》。

2 月 22 日，“日本人天野为之于《东洋经济新报》屡著论说，谓必当与中国定版权，凡日本人所著之书，不许中国人任意翻译。未几此议动政府，日前闻其外交官有致电我外交部商立版权同盟之事。其约之成否未可知，然吾不得不惊日本人之器小，而虑我当局者之瞶瞶也。吾国当务之急莫如开民智，开民智莫如译书，译书莫如日本文之便捷，人人共知。此本国人应为之事，非他人所能越俎代谋。本国人为之而他人助理之则可，若他人为之而又设为限制，本国人反不得自由经营，则于吾国开民智之事，必大受阻碍。”【是诚何心，2 集，690 页】

2 月 22 日—4 月 8 日，“本论宗旨在综览现今世界各国之大势，推原其政略所从出及其所以集势于中国之由，而讲求吾国民应变自立之道。篇中取材多本于美人灵绶氏所著《十九世纪末世界之政治》、洁丁士氏所著《平民主义与帝国主义》、日本浮田和民氏所著《日本帝国主义》《帝国主义之理想》等书，而参以己见，引伸发明之，不敢掠美，附识数言。”【论民族竞争之大势，2 集，692 页】

3 月 10 日，著《天演学初祖达尔文之学说及其传略》。

3 月 10 日—12 月 14 日，“鄙人初徂东时，从同学罗君学读东籍，罗君为简法相指授。其后续有自故乡来者，复以此相质，则为草《和文汉读法》以语之。此已亥夏五六月间事也。其书仅以一日夜之力成之，漏略草率殊多，且其时不解日本文法，讹谬可笑者尤不少，惟以示一二亲友，不敢问世也。后鄙人西游，学生诸君竟以灾梨枣，今重数版矣。而一覆读，尚觉汗颜。顷乞罗君及一二同学重为增补改定，卷末复用此法译东籍十数章以为读例，既将脱稿矣。将与鄙著《东籍月旦》及罗君新著《和文奇字解》合印之，名曰《东学津逮三种》。窃谓苟依此法，不求能文而求能读，则慧者一旬、鲁者两月之语，决非夸言。印成后更当乞教，今恕不具。（饮冰）”【问答，3 集，113—114 页】

3 月 10 日—1904 年 12 月 7 日，著《论中国学术思想变迁之大势》。

3 月 24 日，“本文以日本志贺重昂氏《地理学讲义》中《亚细亚地理考究之方针》一篇为蓝本，而略加己意。志贺氏原著，善邻书局尝有译本，今不避骈枝之讥者，取北本《涅槃经》与南本合读，然后知谢灵运再治之功，非得已也。……（原书无西文，今特补入以备考）”【亚洲地理大势论，3 集，117 页】

3 月 24 日—5 月 8 日，著《匈加利爱国者噶苏士传》。

3 月 24 日、4 月 8 日，著《法理学大家孟德斯鸠之学说》。

3 月 24 日—1907 年 1 月 14 日，《饮冰室诗话》择要摘录如下：

“近世诗人能镕铸新理想以入旧风格者，当推黄公度。丙申、丁酉间，其《人境庐诗》稿本留余家者两月余。余读之数过，然当时不解诗，故缘法浅薄，至今无一首能举其全文者，殊可惜也。”【饮冰室诗话（其四 19020324），3 集，164 页】

“高平子以所著《平等阁笔记》见寄，记述两年来都中近事，字字令人刿心怵目。中一条，其事甚韵而其人甚奇者，读之亦可见中国女权消息之一斑也。”【饮冰室诗话（其七 19020324），3 集，165 页】

“希腊诗人荷马，（旧译作和美耳。）古代第一文豪也。其诗篇为今日考据希腊史者独一无二之秘本，每篇率万数千言。近世诗家，如莎士比亚、弥儿敦、田尼逊等，其诗亦动数万言。伟哉！勿论文藻，即其气魄固已夺人矣。中国事事落他人后，惟文学似差可颉颃西域。”【饮冰室诗话（其八 19020606），3 集，165 页】

“往读明诗，见《刘诚意集》中一篇，一千三百余言，构思之奇，遣语之险，亦可为吾诗界中放一异彩。虽然，长篇诗为长短句者不难，而五言最难；为奇险语有壮采者不难，为庄严语有风格者最难。吾重公度诗，谓其意象无一袭昔贤，其风格又无一让昔贤也。”【饮冰室诗话（其九 19020606），3

集，169 页】

“吴君遂刑部，武壮公长庆子也，以气节闻一时。丁酉抗疏陈时事，请变法，格不得达，浩然挂冠归。近顷复上疏请归政。回銮以后，薄海所想望者，惟此一举，然莫敢言也，惟君毅然犯政府所最忌而言之，其所养可知矣。其诗肖其为人。所著有《北山楼集》。……吾最爱其《支那有一士》两章。”【饮冰室诗话（十一 19020705），3 集，172 页】

“丁叔雅户部，雨生中丞子也，卓荦有远志，忧国如痗，而诗尤以神味胜。庚子秋，余返沪上，从友人扇头见其《感事》一首云：‘被发虿足行趱趯，有人流涕哀江南。眼前所见皆余子，大宙之乱何时戡。’余绝爱之，谓以二十八字写尽当今时局，而自见怀抱，仁言蔼如，未有能及此者也。顷从《北山楼集》复见其《将归岭南留别》一首……绝似剑南学杜诸作也。”【饮冰室诗话（十三 19020705），3 集，173 页】

“《黄公度集》中，名篇不少。至其《今别离》四章，度曾读《黄集》者，无不首记诵之。”【饮冰室诗话（廿九 19020818），3 集，182 页】

“自唐人喜以佛语入诗。……《人境庐集》中有一诗，题为《以莲、菊、桃杂供一瓶作歌》，半取佛理，又参以西人植物学、化学、生理学诸说，实足为诗界开一新壁垒。‘女娲炼石补天处，石破天惊逗秋雨。’吾读此书，真有此感。”【饮冰室诗话（四〇19021016），3 集，190 页】

4 月 22 日，“本报学术门《论中国学术》一篇，其语繁重，非一年不能印完，而第三章第四节题为《战国学术与希腊学术比较》，恐读者于希腊哲学说未窥涯涘，或致茫然，故先草此篇，以资参考。又本论原有《绪论》一章，亦缘此理由，暂置于后，而以《上古时代》编先焉，读者谅之。篇中释诸哲之名，其已见严侯官《天演论》者，悉从之，其未见者乃自译也。”【泰西学术思想变迁之大势，3 集，331 页】

5 月 22 日、12 月 30 日，著《张博望、班定远合传》。

6 月 6 日、7 月 5 日，在《新民丛报》发表《东籍月旦》，绍介日本书籍。

6 月 6 日—12 月 14 日，著《意大利建国三杰传》。

6 月 20 日，“本论亦据志贺重昂《地理学讲义》中《欧罗巴地理考究之方针》一篇为蓝本，间下己意。”【欧洲地理大势论，3 集，542 页】

7 月 5 日、19 日，《尺素五千纸》择要摘录如下：

“英国鸿哲斯宾塞尔先生，今年达于八十二龄之上寿，现代学界之耆宿，此为巨擘矣。……先生自著一书，名曰《事实与评注》，即于是日出版以为纪念。书凡三十九章，内有《论心意之表现》、《论音乐之堕落》、《论爱国心》等章，最为博深切明。其《自序》云：今以此书公于世，吾敢信此为吾一生最后之著述矣云云。先生以进化论提倡一世，学说影响遍及寰宇，今其思潮，犹不落青年新进之后。我辈展读斯篇，能不起敬。愿祝先生更作此等纪念者数度，以惠后

学。”【尺素五千纸（其五 19020705），3 集，555 页】

“日本理学博士横山又次郎顷著一书，题曰《生物之过去与未来》，谓将来世界，当有一种动物，其聪明更过于人类者。其立论大旨，谓下等动物脑在后而颚在前，脑小而颚大，禽兽是也；中等动物脑在上而颚在下，脑较大而颚较小，人类是也；高等动物脑在前而颚在后，脑大而颚小，驯至无复牙齿。其征据颇繁赜，持论颇新颖，大足供消暑之一助。”【尺素五千纸（其六 19020705），3 集，555 页】

“美国某华文报主笔，有自署‘太平洋客者’，新著一书，名曰《新广东》，登诸报中，凡三十一续乃完，实可称近日文界一奇作。鄙人自问胆量颇不小，读之犹目瞪舌挢。顷将乞其版权，印数千纸，散诸内地，无俾独以吓老夫。一笑。某匆匆白。”【尺素五千纸（十五 19020719），3 集，559 页】

7 月 19 日，著《〈饮冰室师友论学笺〉识》。

7 月 19 日、8 月 4 日，“欧西惟古代、近代有历史，而中世无历史。非无历史也，其历史黑暗而不足道也。故读欧西中世之历史，与读中国数千年之历史无以异，若其古代、近代，则烂然放大光明矣。古代历史，国别虽多，要其中心点不外希腊、罗马；希腊历史，建国不鲜，要其中心点不外斯巴达、雅典。”【斯巴达小志，3 集，561 页】

8 月 18 日，著《中国唯一之文学报——〈新小说〉》《〈黄梨洲〉绪论》。

8月18日—10月2日，《尺素六千纸》择要摘录如下：

“今年欧美学界，特色之大著作颇少，惟四月间英人颉德氏新著一书，名曰《西洋文明之原理》，可谓进化论之革命者。盖英国学派向主实利主义，自霍布士、洛克、边沁以来，虽互有出入，其大旨总不出于此。达尔文、斯宾塞兴，以生物进化之公例，推论之于政治道德，学界壁垒一新，然实利主义亦益光大，颉德氏亦汲此主义之流者也。但其大旨谓当牺牲个人以顾团体，当牺牲现在以顾将来，实为前此言实利、言进化者痛下一针砭。颉氏自谓此书必为二十世纪学界生一大影响，吾亦望颉氏此书为我中国学界生一大影响。”【尺素六千纸（二十），3集，604页】

本月，著《〈近世欧洲四大家政治学说〉自序》《〈近世欧洲四大家政治学说〉例言》。

9月2日、10月16日，“近世欧美各国宪法及其他法律所规定之诸条件，大率应用最新最确之学理。……法儒波流氏著一书，名曰《今世国家论》，亦驳击代议政体之弊，而其论旨与德之奈氏、俄之坡氏异。……故曰：今日欧美所谓文明，过渡时代之文明也，若中国者，则又并过渡时代而未能达者也。”【政治学学理摭言，3集，630—636页】

10月2日，“偶读《颜氏家训》，有云：齐朝一士夫，尝谓吾曰，我有一儿，年已十七，颇晓书疏。教其鲜卑语及弹琵琶，稍欲通解，以此伏事公卿，无不宠爱。吾时俯而不答。呜呼！今之学英语、法语者，其得毋鲜卑语之类耶？今之学

普通学、专门学者，其得毋弹琵琶之类耶?”【自由书·奴隶学，2集，147页】

10月2日、16日，著《近世第一女杰罗兰夫人传》。

10月16日，“二十世纪之天地，开其幕者今已一年有奇。此年余之中，名人著述，鸿篇巨制，贡献于学界者，固自不少；而求其独辟蹊径，卓然成一家言，影响于世界人群之全体，为将来放一大光明者，必推英国颉德（Benjaman Kidd①）先生今年四月出版之《泰西文明原理》一书。”【进化论革命者颉德之学说，4集，1页】

10月16日，“日本文学博士西村茂树，以前月卒。博士深通汉学，又深通西学，盖东国之粹然醇儒也。其著译书凡数十种，于德育、智育，皆最有功焉。偶检此编，觉其言论多有适于吾国之用者，因随译一二，介绍诸我学界。”【西村博士自识录，4集，8页】

10月31日，著《宗教家与哲学家之长短得失》《雅典小志》。

11月14日，提出小说支配人道的四种力量——“熏浸刺提”。“欲新一国之民，不可不先新一国之小说。故欲新道德，必新小说；欲新宗教，必新小说；欲新政治，必新小说；欲新风俗，必新小说；欲新学艺，必新小说；乃至欲新人心，欲新人格，必新小说。何以故？小说有不可思议之力支配人

① 应为“Benjamin Ridd”。

道故。”【论小说与群治之关系，4 集，49 页】

11 月 14 日，著《世界末日记》《侠情记传奇　第一出纬忧》。

11 月 14 日、30 日，著《亚里士多德之政治学说》。

11 月 14 日—1903 年 9 月 6 日，著《新中国未来记（稿本）》。

11 月 30 日，“日本文学博士加藤弘之，德国学派之泰斗也，专主进化论，以爱己心为道德法律之标准，其言固多偏激有流弊，然持之有故，言之成理，故其影响及于日本学界者甚大焉。余夙爱读其书，顾不欲绍介其学说于中国，盖虑所益不足偿所损也。……苟能理会其全体，而不借口其一端，则无论何学派而皆有裨于群治。……故今取其天则百话，择译以谂同学焉。虽东鳞西爪，而博士学术之大概，亦在是矣。”【自由书·加藤博士天则百话（一），2 集，148 页】

11 月 30 日，“卢、孟、斯诸君书，日本虽多译本，然率皆明治初年出版，今觅购颇不易易。”【问答·附答不倚庵主，4 集，81 页】

本月，著《〈饮冰室文集〉序》。

12 月 14 日，著《俄皇宫中之人鬼》《释革》。

本月，著《三十自述》（附：《我之为童子时》）。

本年，著《新罗马传奇》《十五小豪杰（法国焦士威尔奴著）》。

1903 年（清光绪二十九年癸卯/日本明治卅六年）三十一岁

2 月 11 日—11 月 7 日，著《新英国巨人克林威尔传·叙论》。

2 月 11 日—1904 年 2 月 14 日，“吾昔见日本哲学馆，有所谓四圣祀典者，吾骇焉，稽其名，则一释迦，二孔子，三梭格拉底，四康德也。其比拟之果伦与否，吾不敢言，即其不伦，而康德在数千年学界中之位置，亦可想见矣。”【近世第一大哲康德之学说，4 集，126 页】

2 月 26 日，著《读〈读通鉴论〉》《尚同子〈论纪年〉书后》《问答》。

3 月 12 日，著《论中国国民之品格》。

5 月 25 日，著《政治学大家伯伦知理之学说（一）》。

9 月 6 日，“惟小说尚阙如。虽由学士大夫鄙弃不道，抑亦此学幼稚之征证也。余今春航海时，箧中挟《桃花扇》一部，藉以消遣。偶有所触，缀笔记十余条。一昨平子、蜕庵、璱斋、彗广、均历、曼殊集余所，出示之，佥曰：‘是小说丛话也。亦中国前此未有之作，盍多为数十条，成一帙焉？’……遂命纸笔，一夕而得百数十条，畀新小说社次第刊之。”【小说丛话，17 集，105 页】

9 月 6 日，“文学之进化有一大关键，即由古语之文学，变为俗语之文学是也。各国文学史之开展，靡不循此轨道。……自宋以后，实为祖国文学之大进化。何以故？俗语文学大发达故。宋后俗语文学有两大派，其一则儒家、禅家之语录，其二则小说也。小说者，决非以古语之文体而能工者也。本朝以来，考据学盛，俗语文体，生一顿挫，第一派又中绝矣。苟欲思想之普及，则此体非徒小说家当采用而已。凡百文章，莫不有然。”【小说丛话，17 集，105 页】

10 月 4 日，著《政治学大家伯伦知理之学说（二）》。

11 月 2 日，著《黄帝以后第一伟人赵武灵王传》。

1904 年（清光绪三十年甲辰/日本明治卅七年）三十二岁

2 月 14 日，著《中国历史上革命之研究》。

2 月 14 日—7 月 13 日，著《明季第一重要人物袁崇焕传》。

2 月 15 日，“余游新大陆，日拉杂有所记，将诠次为一小册。……虽管蠡之见，可笑实甚，然容亦有为内地同胞所未及知者。”【新大陆游记节录·自序，17 集，114 页】

本月，“昨因心事烦扰之极，偶一读《内典》，以收摄之，故有感触，忽起念托购经论，函想已收。”【致蒋观云，19 集，139 页】

5 月 21 日，“顷者，著《中国之武士道》一书既成，欲乞先生一序文以宠之，……此书用列传体，约十万言，起曹沫，讫李广，（尚欲为续编，起傅介子，讫张汶祥，未能成也。）凡七十八人，采《史记》最多，《左传》、《国策》、《吕氏》、《淮南》、《韩非》、《墨子》、《说苑》、《新序》次之，每篇杂以评论，以导入新理想，此内容之大较也。”【致

蒋观云，19 集，140 页】

6 月 28 日—9 月 24 日，著《墨子之论理学》。

6 月 28 日—12 月 7 日，著《子墨子学说》。

8 月 26 日，著《〈近世中国秘史〉序》。

11 月上旬，“读尊著《养心用心论》惠我良多，日来惟读《明儒学案》，稍得安心处，拟节钞之印行，公谓何如?”【致蒋观云，19 集，141 页】

12 月 21 日，著《余之死生观》。

12 月 28 日，著《中国之武士道》。

本年，“示及涣卿来示，及《中国民族权力消长史》，均读悉。……鄙人《外竞史》……拙作今题曰《国史稿》，已成二十余万言，日间亦将印第一编，……拙作颇欲附图画，……今思得一会稽禹陵之影画，先生能代觅否？（记《浙江潮》似有之，今此间所有之《浙江潮》半散佚，先生有之否?）《史学杂志》内言中国民族与世界交通之论文最多，……盍搜之寄涣卿，为将来第二编以下之资料耶?”【致蒋观云，19 集，142 页】

1905 年（清光绪三十一年乙巳/日本明治卅八年）三十三岁

2 月 18 日，“矢野文雄者，日本之雄于文者也。丁酉、戊戌间，曾任公使，驻北京。顷新著一书，题曰：《世界ニ於ル日本之將來》，杀青浃旬，重版再三，其价值可想矣。今撷其要点，译之，为上篇。复以彼论为前提，更述鄙见，推论日俄战役后，中国所受于世界大势之影响，与夫中国之影响于世界大势者为下篇，改题今名。”【世界将来大势论，5 集，40 页】

2 月 18 日，著《中国殖民八大伟人传》。

2 月 18 日、3 月 6 日，著《世界史上广东之位置》。

4 月 19 日，“明夷先生游欧洲，著《十一国游记》，其观察之精密，论断之博深切明，非直我国前此游记所未有，即日本人之著述，亦瞠乎未有见也。其论罗马数篇，条举其得失以与中国相比较，以先生之醰粹于国学，引证既瞻且博，又亲历罗马，一切皆由目睹所得，两两相校，而得其真相。吾中国不如人之处，固偻指不稍讳，而其优秀之点，亦发皇之无余蕴。读之真令吾国民足以自豪，引觞满饮，蹶然以兴，知中国决非为人下也。”【《罗马四论》附识，5 集，102 页】

4 月 25 日，“化学书实尚未寄，因前日托皇后船之一崽仔带，而彼意未来，故至今各书仍存德猷（森。）手也。今即补寄上电学书，日间访购便是。……近编《国史》，诚大得意，发明许多新境界，常有手舞足蹈之乐。然呕气处亦不少，呕者谁？即前此史家是也，勿论他人，即孔二先生已呕我不少矣。彼将前史许多删去，又任意去取证以他书，彼造谣说谎之处，不知多少，真乃误人！”【致梁启勋，20 集，331—322 页】

5 月 4 日，“门人周生伯勋，译日本有贺长雄之《满洲委任统治论》，加以批评，题曰《今后之满洲》。东邻隐志，昭

揭纤尽焉。"【读《今后之满洲》书后，5集，111页】

5月18日，著《祖国大航海家郑和传》。

8—10月，著《班定远平西域》。

9月2日，清政府宣布自丙午（1906年）开始，所有乡会试一律停止，各省岁科考试亦即停止。至此，在中国历史上延续了1300余年的科举制度正式废除。

11月，著《〈节本明儒学案〉例言》。

12月，著《德育鉴》。

本年，著《重印郑所南〈心史〉序》。

1906年（清光绪三十二年丙午/日本明治卅九年）三十四岁

2月8日、23日，著《国家原论（日本小野塚博士著）》。

4月29日，"日本维新之业，其原因固多端，而推本其原动力，必归诸吉田松阴。松阴可谓新日本之创造者矣。日本现世人物，其啧啧万口者，如伊藤博文、桂太郎辈，皆松阴门下弟子不待论。虽谓全日本之新精神，皆松阴所感化焉，可也。夫松阴生三十二年，而见僇于政府，生平所为事业，无一不失败。其学问又非有以远过于侪辈，若近世之新学理无洪无纤，皆松阴所未尝梦见也。顾其力之及于一国者，何以若是？固知事业与学问皆枝叶也，而有为事业学问之本原者，本原盛大，则枝叶不必出自我而不啻出自我。而不然者，日修其枝叶，本则拨矣，夫安所丽。吾生平好读松阴文，乃

钞其最足为我国人厉者著于篇。”【松阴文钞（日本吉田寅次遗著　中国梁启超节抄），18 集，353 页】

8 月 4 日，“此奥田博士《法学通论》中之一章也，以其可供治法学者之参考，故译之。”【论法律之性质，18 集，406 页】

1907 年（清光绪三十三年丁未/日本明治四十年）三十五岁

2 月，著《〈社会主义论〉序》。

3 月 9 日，著《〈学报〉谈丛》。

3 月，“兹专有请者，弟于数日来偶翻《说文》，札记数十条，名曰《国文语原解》，以今日时局之囏[1]，而乃耽治此不急之务，良可愧赧。然既已为之，则亦欲过而存之，敢以原稿就正于先生，视其有发表之价值否？又其中有误谬之点否？乞为纠正。”【致蒋观云，19 集，145—146 页】

3 月，“大著《中学修身》书，已告同文学校，彼甚欣然，已嘱庶务员调查需用多少，即由校径与尊处交涉云。”【致蒋观云，19 集，146 页】

8 月 5 日，“新报之文弟即当预备，但此数日间刘鸣博在座，坐催文债，非四五日后未能著笔也。弟所欲作之文，一为《世界大势与中国前途》，一为《宪政之运用》，一为《货币政策》（此皆大意如此，命题或尚有斟酌）。颇欲对于政府

---

① “艰”的异体字。

举措，常为批评训导，如此乃尽我辈之责任。”【致蒋观云、徐佛苏、黄与之，19 集，154—155 页】

本年前，“苏峰先生阁下：三年未拜芝颜，然日诵《国民新闻》，如与先生相晤对也。入春以来，想文祉日增，至慰至颂。……仆爱诵《忠雅堂集》久矣。蒋士铨之庄园九种典，实我邦近世文学之铮铮者也。”【致德富猪一郎书，19 集，666—667 页】

本年前，“思父先生阁下：启超昔在震旦，游于南海康先生之门。南海之为教也，凡入塾者皆授以《幽室文稿》，曰：‘苟志气稍偶衰落，辄读此书，胜于暮鼓晨钟也。’仆既受此书，因日与松阴先生相晤对，而并与阁下相晤对者，数年于兹矣。天假之缘，以政变之故，行迈贵国，自顾菲材，虽不敢仰希先哲，然敝邦今日情形，与贵邦幕末之际相类。每读《送生田叙》中语，谓‘今日事机之会，朝去夕来，使有志之士，变喜怒于其间，何能有为’，窃服膺斯言，虽波澜诡谲，千起百落，曾不敢以动其心也。近闻贵邦新报中议论，颇有目仆等为急激误大事者。然仆又闻之松阴先生之言矣，曰：观望持重，今正义人比比皆然，是为最大下策；何如轻快直率，打破局面，然后徐占地布石之为愈乎！又曰：天下之不见血久矣，一见血丹赤喷出，然后事可为也。……松阴先生著述及行状，尚有他刻否？能惠赐一二种，不胜大幸。敬承起居。再启：超因景仰松阴、东行两先生，今更名吉田晋。现居牛込鹤卷町四十番。如有赐函，不胜喜盼。”

【上品川弥二郎子爵书，19 集，668—669 页】

1908 年（清光绪三十四年戊申/日本明治四十一年）三十六岁

10 月，著《王荆公》。

12 月前后，“启超自避罪以来，久务韬晦，惟自思年力方壮，未敢自弃，辄以其暇，稍读各国经世之书，与其贤士大夫游，冀获政治之常识，为国家效铅刀一割之用。中间游历欧美诸邦，察其进化之轨，益叹为治之贵有秩序，而空谈之足以误人。”【上摄政王载沣书，19 集，567—568 页】

1909 年（清宣统元年己酉/日本明治四十二年）三十七岁

6 月初，著《管子传》。

7 月 12 日，“此数月间，兄大从事于著述以疗饥，且与觉顿、娴儿同学德文，每日有一定功课，亦翛然有以自乐也。(弟闻之当吃一惊，我已读第二册读本矣。)”【致梁启勋，19 集，281 页】

9 月 8 日，“今寄上《梦窗全集》一部，以资模仿，希察收。兄年来颇学为诗，而词反不敢问津。前月寄怀吾弟之二律，海内二三名家颇传诵以为佳。兄诗近专学动荡隽远一派，想弟或不以为然耶。……兄三月以来，颇效曾文正，每月必学书二纸，宜弟之不复能认吾墨迹也。……《王荆公》已收到否？弟若欲得中国文学旧籍，希告我，尚当相寄。”【致梁

启勋，20 集，338 页】

9 月 24 日，“不通讯殆将半岁，罪责无可逭。徒以入春以来，刻意养晦，屏绝百务，惟读书、著书以自娱乐，东籍以外，乃至兼及德文，遂至无一刻暇。”【致徐佛苏，19 集，501 页】

10 月 21 日，“弟果渴思得国文书否？所欲者为何类，乞见告，兄尚能以此间所有者择寄。顷每日与顺儿讲文，亦致有兴味也。”【致梁启勋，20 集，339 页】

1910 年（清宣统二年庚戌/日本明治四十三年）三十八岁

2 月 20 日，著《〈国风报〉叙例》《说国风》《读日本大隈伯爵〈开国五十年史〉书后》。

3 月 2 日，著《说常识》《读农工商部筹借劝业富签公债折书后》。

4 月 9 日，“今每日平均作文五千言内外，殊不以为苦。文大率以夜间作，其日间一定之功课，则临帖一点钟，读佛经一点钟，（又颇好作诗，每作必极苦吟，终不能工，此结习甚可叹也。）读日文书一点半钟，课小女一点钟，此则自去年七月初一日（从是日起每日用日记，誓持以毅力，幸至今未间断。）至今未尝歇者也。”【致徐佛苏，19 集，503—504 页】

4 月 30 日，“《文选》有李萧远《运命论》，其大指以国家之治乱兴亡，皆原于命，而人事无所用其力。虽其人与其文，皆非甚有价值，然实可以代表我国数千年之理想也。吾以为国家积弱之大原，实此说有以中之，乃反其意以作是篇。”【国家运命论，7 集，207 页】

10 月 19 日，“公有所见，曷不即草一文，寄《国风》耶？资政院似颇体面，或者政治趣味即从此渐进，总算一可喜之事也。日来读书颇多，公当妒我矣。”【致汤觉顿，19 集，399 页】

11 月 24 日，“公舟中竟能读尔许书，令人一惊，今后可不直道（京道）、长矣。下走读教育书数日。宝文之经济（中多佳作。）全书出，又移我情，主竟和侍中之癖，入人深也。源丰润事立刻已草一文，但甚简短耳。大清行事，亦竟无著论，吾辈虽忌器，器遂可保耶？何如一击此鼠子，公谓何如？”【致汤觉顿，19 集，400 页】

1911 年（清宣统三年辛亥/日本明治四十四年）三十九岁

4 月 22 日，“公尝问我以学诗及治学之道，仆未有以对也。卧病中辄复念此，今窃欲有言。……古人言多读、多作、多商量，此虽庸言，然道实尽于是。惟学不可误其途，大抵必读专集，毋读选本；必学大家，毋学近人；先学古体，成就后乃及近体，此其不二法门也。以杜为皈依，始于杜，终于杜，凡古近体悉宗焉。而古体则从昌黎入手，次之以东坡、山谷，然后溯源于陈思、阮、陶、鲍、谢则大成矣。近体则从义山入手，亦次之以坡、谷，而荡之以放翁、遗山，其五律更溯源于王、孟，则大成矣，此外诸家虽不读可也。（太白难学，香山禁学。）语此虽似望洋，实则三年苦功足矣，后此不劳而日进，此似博而实约也。今请公最初一年勿为近体，惟取杜、韩两集古体悉读之，以成诵为期。初时勿作可也，一月以后，兴至则为之，惟当刻意摹韩，若临帖然。三月以后，韩集略皆上口，杜亦约三之一，则当求多作，月必十首以上，仍专效韩。若无题目，则宜多咏史，借以寄所怀；半年以后，杜集略卒业，则宜苏、黄并读，学韩久恐生气稍窒；学苏、黄则放矣，如是古体已能自成家数；一年以后，则兼学近体，（仍勿废古。）少陵、玉溪并读；又数月后，乃学黄，又次乃学苏，学苏、黄时以陆为附课足矣。以公之质，若能循此涂辙，三年以后不成名家，吾不信也。虽然，此独就诗言诗耳，道又有存乎诗之外者，昔贤所谓词林根柢也，此非积学无以致之。今公每日晷刻，能以用之于问学者，不审几何，为公之计，宜将此有限之晷刻，用其三之二于他学，学诗则最多毋过三之一。治学宜分专精、涉猎二途，非有所专精，则不能实有之于已；非有所涉猎，则无以博达而旁通也。涉猎因无事指定，专精之书则宜先以四史、《通鉴》乃及孟、荀、庄、列、管、韩诸子；谓宜先熟精《汉书》，次《后汉》，次《三国》，次《史记》，次《通鉴》，当研朱点之，字字勿放过，此其所需时日已不少矣。读书必须窗明几净、神志清澈，宜有定课，勿作辍，宜常用笔记。公宜在莱园洁一室，每日以定时入此室，既入，则百事勿问也，必所定之课既毕，乃出焉。每日能得四点钟以上则大善矣。抑公所当学，又岂止此？吾前所言政治、法律、经济及泰西史诸学，又公所必当有事也。但此当俟公来此与吾同居数月后，乃有下手之法，今姑舍是。惟望公且如吾前所定课程先行之耳。”【致林献堂，19 集，308—309 页】

6 月 26 日，著《学与术》。

10 月 10 日，“款式尚可观，惟书本之广袤大小，当略仿《范伯子集》，所留纸头纸尾宜加长，若如近日上海各教科书式样，用不中不西之小册，则大不雅观也。又四周拟不用复线，改用稍粗之单黑线，请照第一叶所改之式如何？”【致黄遵庚，19 集，85 页】

11 月，著《新中国建设问题》。

本年，“吾旬日来刿心怵目，无泪可挥，拟仿白香山秦中吟，为诗数十章记之，今先写三首奉寄，以当面语。”【游台湾书牍（第四信），19 集，697 页】

本年，“奉手示，并翦寄《神州日报》，已读过，真可发噱。吾在此方无限懊恼、无限愤抑，睹此亦不禁破涕为笑也。……台湾之治，其最可佩服者，在于整齐严肃，使其将外视本岛民之一点除去，则真官僚政治之极轨也。……至此深有味乎南海之《物质救国论》也。今日清明，旅思增重。”【游台湾书牍（第五信），19 集，699—700 页】

1912 年（民国元年壬子/日本大正元年）四十岁

1 月 1 日，孙中山在南京就任临时大总统，中华民国成立，改用公元纪年。本年即中华民国元年。10 月，梁启超归国。

10 月 30 日，著《莅佛教总会欢迎会演说辞》①。

10 月 31 日，著《莅北京大学校欢迎会演说辞》②。

11 月 7 日，“吾前所著《国文语原解》可寄一两部来。寄四十元往书林托其购《人境庐集》二十部寄来。”【致梁思顺，20 集，23 页】

11 月 8 日，“转念汝梦想《苏集》已久，竟以畀汝。汝得此大赉，可以雄视诸弟妹矣。”【致梁思顺，20 集，23 页】

11 月 9 日，“《苏集》吾实欲留读，吾此间竟无一本国书，欲购则价太重也。以汝太向隅故，以畀汝耳。吾尚得仿宋本四书一部，（王文敏公旧藏本。）吾留以自养矣。”【致梁思顺，20 集，24 页】

11 月 12 日，“可托书林向黄幼达购《人境庐诗》二十部，（寄四十元往。）即托大信丸船主带来最妙，若赶不及，付邮亦可。日来颇有意欲令思成往青岛留学，汝叔主持尤力，其实吾十二岁即离父母独学于省城，明年思成十四矣，有何不可？……荷丈谓我为三个字所累，实则仅一个字耳。汝叔

---

① 系梁启超于 1912 年 10 月 30 日在佛教总会欢迎会上的讲演。

② 系 1912 年 10 月 31 日在北京大学校欢迎会上的讲演。

与我同了两个字，不为累也。”【致梁思顺，20 集，25 页】

11 月，《庸言报》出版。

12 月 1 日，著《〈庸言〉序》《国性篇》。

12 月 3 日，“别有影宋本四书一部，赏与思成。此书至可宝，可告之。”【致梁思顺，20 集，34 页】

12 月 5 日，“祖父南归一行，自非得已。然乡居如何可久，且亦令吾常悬悬。望仍以吾前书之意，力请明春北来为要。……（又小说两部呈祖父消闲。）……然思成所得《四书》乃最贵之品也。可令其熟诵，明年侍我时，必须能背诵，始不辜此大赉也。……而鼎父至今无著落，汝诸表兄日日来嬲我求差事，……吾亦无能为助。甚矣，人贵自立也。韩集本欲留读，因濒行曾许汝，故复以赉汝。吾又得一明刻本《李杜全集》，字大寸许，极可爱，姑以告汝，却不许撒娇来索。思成若解文学，则吾他日赏之。”【致梁思顺，】20 集，35 页】

12 月 11 日，著《中国立国大方针》。

12 月 16 日，著《中国道德之大原》。

12 月 20 日，“大版《通鉴》不须汝索，已嘱擎一购寄，非久或将寄至矣。”【致梁思顺，20 集，37—38 页】

12 月 22 日，“擎一寄去正续《资治通鉴》已收否？闻版本颇佳，然耶？近日购书真不易，吾以无《义山集》，姑购一部，已费十四两。（二十元余，欲买一《荆公集》，索价百两，今尚未买也。）吾家所有书今乃知其值钱，大约纳海寄

庐所藏已不下数千金矣。”【致梁思顺，20集，38—39页】

12月，著《〈盐政杂志〉序》。

1913年（民国二年癸丑/日本大正二年）四十一岁

1月21日，“建部遯吾所著《世界列国之大势》极佳，吾已全读矣。（吾心绪不宁，以至散闷。）汝亦不妨置一部，于功课之余一涉览，但不必强分时间于此耳。（以其有趣味，欲汝散心耳。）”【致梁思顺，20集，43—44页】

1月23日，“汝病何如？若患神经衰弱，则功课必须减少，或更停课调养亦可，即受业时亦不宜务强记，至要，至要。……连四日中座客皆夜三时乃散，报中文字竟不能作，奈何，奈何。”【致梁思顺，20集，44页】

1月25日，“《资治通鉴》已到不？本尚佳耶？”【致梁思顺，20集，45页】

1月31日，“吾十日来半掷日力于字课，此吾频年所用养心之良法，汝若侍侧，当能窥其微矣。汝学日进，吾闻此则百忧解。”【致梁思顺，20集，45页】

本月，著《〈中华警察协会杂志〉题词》（刊于《中华警察协会杂志》第1期）。

2月1日，著《欧洲政治革进之原因》（刊于《庸言》第1卷第5号）。

2月1日，“案头群籍尽束，惟置《玉溪生集》，诵其近体殆遍，自斟海西葡萄酒侑之。研墨新足，呵冻作字课，所写即玉溪《锦瑟》、《碧城》诸什也。尽八纸得二十章，媵以小骈文，一夕所课如此，不知为苦为乐也。”【致梁思顺，20集，46页】

2月14日，“昨夜因作文彻夜未睡，（直至今午十二时乃睡三时即起）。”【致梁思顺，20集，52页】

2月16日，梁启超在《庸言》发布启事，表明文章及言论责任。（《庸言》第1卷第6号）

2月21日，“建部《世界列国之大势》为人夺去，可再寄一部来。”【致梁思顺，20集，54页】

2月24日，梁启超正式加入共和党。

3月1日，著《警告政党及政党员》（刊于《庸言》第1卷第7号）。

3月14日，“吾顷颇患眼病，病起已十余日，置之不理。今日汝叔强唤医来，医所言他犹可耐，（如不许在床上看书，带绿眼镜等。）乃禁止读书、写字、饮酒、吸烟、食辣椒，（如是者半月。）又须早睡，种种条件，皆为我绝对不能遵守者，殊可笑也。”【致梁思顺，20集，60页】

3月16日，著《说幼稚》（刊于《庸言》第1卷第8号）。

3月16日，著《军事费问题答客难》（刊于《庸言》第1卷第8号）。

3月18日，“建部著《世界列国大势》尚未到，可催宝文或购来自寄。樋口龙峡著《近代思想之解剖》可购寄一

部。”【致梁思顺，20 集，62—63 页】

3 月 20 日，“书未发，适购得善本旧书十余种，有王氏仿宋本《史记》，有胡氏仿宋本《文选》，有仿宋本《白香山集》。（有《欧阳文忠全集》，亦尚佳。）此三书，顺、成、永三人可各得其一，（皆极难得之本也。）长者先择取，所余以诒少者可也。（吾为顺计，取《香山集》，余两种任两弟自择。但顺总应有优先权，所好何在，吾不强也。）各书皆存津宅，归来乃颁。（别有《宋诗钞》最可宝，暂不以赉若曹。）”【致梁思顺，20 集，64 页】

3 月 21 日，“有大变事急急告汝，《白香山集》为汝仲父夺去矣。（仲父爱不释手，乘我未起，径持去扃诸笥中。）彼之优先权较汝更强，汝有何法。若《史记》、《文选》为两弟认去，汝只得落空矣。此外尚有一角钱买来之《唐诗三百首》一部，即给汝充损害赔偿，何如？”【致梁思顺，20 集，64 页】

3 月 23 日，“宇都宫鼎著《财政学》（有斐阁版。）即购一部来。建部《列国大势》尚未到，何也？”【致梁思顺，20 集，65 页】

3 月 26 日，“望月小太郎著《独逸之现势》即购寄一部。（东京堂发售，丸善亦有，想宝文必有也。）”【致梁思顺，20 集，66 页】

3 月 29 日，“所寄书只到一册，其《独逸大势》一种未到，殆寄有先后耶？”【致梁思顺，20 集，67 页】

4月1日，著《暗杀之罪恶》（刊于《庸言》第1卷第9号）。

4月16日，著《一年来之政象与国民程度之映射》（刊于《庸言》第1卷第10号）。

4月17日，“《白香山集》损害赔偿不忧无着，吾此次入都得博进数百金，以购仇十洲极精之画（值三百五十。）专以畀汝者，（精美极矣。）若犹未足，则所购旧本书尚值二百余金，任汝拣取可耳。但汝亦勿太不廉，当为诸弟妹地，毋使彼辈觖望，谓老夫偏爱也。（仇画则群季不能攘夺，因所绘为名媛，故吾专为汝购之。）”【致梁思顺，20集，75—76页】

4月18日，“昨书甫发，而《欧米政党政治》一书已寄到，吾每欲购一书，吾儿辄已先寄，真可谓先意承志，无怪吾之溺爱也。”【致梁思顺，20集，76页】

5月5日，“港谕寄阅。缝机能交大乾叔带去最妙，归时务带土佐纸千数百张，又大坂《朝日》、《每日》可定全年属寄。”【致梁思顺，20集，83页】

10月28日，“吾顷以电话询成病，而汝乃往河北，想亦往散闷耶。书籍若未悉收起，仍宜展读以收放心。”【致梁思顺，20集，90—91页】

1914年（民国三年甲寅/日本大正三年）四十二岁

2月15日，著《述归国后一年来所感》。

6 月 21 日，著《知命尽性》。

10 月，“月来避嚣西郊，专事著述，……舍文章外，实末由报国，而城市决非读书之地，顷已在西山赁屋数椽，冀得稍理故业。……再者顷方以所著《欧洲战役史论》第一编缮呈，计明日当能达府。”【致张仲仁，19 集，625—626 页】

11 月，《在清华学校演说词》中“自强不息，厚德载物”后成为清华大学校训。

11—12 月，著《欧洲战役史论》。

本年冬，著《送一九一四年》。

本年，“本文所谓良知，与宋明儒者所标举论争之良知有异。孟子曰：‘人之所不学而知者，其良知也。’吾盖直取斯义以定今名。盖学识必待学而后知，此则不学而尽人能知者也。译以今语，亦可称为俗识。（以字义论，本可称为常识，但英文之 Common Sense 既已译为常识，不容相混。吾意则俗识与学识之调和，即常识也。）试言俗识（良知）与学识之异，例如以小石投水则沉，投以木叶则浮，此尽人所能知也。所谓良知也，学识也。而此两种反对之现象，实有一原理以贯之。一者何，重力是已。”【良知（俗识）与学识之调和》（《饮冰室合集·文集》之三十二）】

1915 年（民国四年乙卯/日本大正四年）四十三岁

1 月，中华书局发行《大中华杂志》，聘请梁启超为主任撰述。

1月20日，著《〈中华大字典〉序》（刊于《大中华杂志》第1卷第1期）。

1月20日，著《〈丽韩十家文钞〉序》（刊于《大中华杂志》第1卷第1期）。

1月20日，著《欧战蠡测》（刊于《大中华杂志》第1卷第1期）。

2月20日，著《孔子教义实际裨益于今日国民者何在，欲昌明之其道何由》。

3月20日，著《作官与谋生》。

4月20日，著《菲斯的人生天职论述评（上）》。

5月3日，“昨寄文稿，想已达。公事房条桌上有楠木夹板书一套，为朱九江先生文稿及行述等，可检出。汝母来津时带来，（《艺蘅馆词选》带一部来。）若汝母不来，则交荷丈并带银百元来。”【致梁思顺，20集，100页】

5月6日，“《艺蘅馆词选》有人索取，可取一普通本带来，记有一大包在楼上也。”【致梁思顺，20集，102页】

5月20日，著《菲斯的人生天职论述评（下）》。

7月20日，著《复古思潮平议》。

7月29日，“今日静坐读书看二百余叶，乃大可喜，此屋真宜于问学也。……吾案头有叶景华论文一篇，题为《过渡时代之实业》，装订成册，有便人可检带来，又吾为蜕丈遗孤所作小骈文亦检来。”【致梁思顺，20集，109—110页】

本月，著《〈秋蟪吟馆诗钞〉序》。

12月20日，著《论中国财政学不发达之原因及古代财政学说之一斑》（刊于《大中华杂志》第1卷第12期）。

12月29日，“吾每日作文（发信。）甚多，尚以余暇读哲学书，大约更能从事著述也。……一切事想在报纸（此间报纸则《时事新报》，消息最真。）上见之，不多及。”【致梁思顺，20集，115—116页】

12月，“公能饬问有正书局代购汉碑五种，明拓汉隶四种，《史晨碑》、《乙瑛碑》、《东海庙残碑》、《孔庙碑》、《鲁峻碑》、《嵩高灵庙碑》、《崔敬邕碑》、《郑文公碑》，北宋拓《圣教序》，晋、唐小楷十一种，《礼器碑》、《曹全碑》、薛绍彭《书谱》，定武《兰亭观愣伽记》等否？结习不除，勿相哂耶？另取碑帖目录及佛经流通处书目各一张。”【致黄溯初，19集，82页】

本年，“小说家者流，自昔未尝为重于国也。……盖全国大多数人之思想业识，强半出自小说，言英雄则《三国》、《水浒》、《说唐》、《征西》，言哲理则《封神》、《西游》，言情绪则《红楼》、《西厢》，自余无量数之长章短帙，樊然杂陈，而各皆分占势力之一部分。此种势力，蟠结于人人之脑识中，而因发为言论行事，虽具有过人之智慧过人之才力者，欲其思想尽脱离小说之束缚，殆为绝对不可能之事。……自余凡百述作之业，殆为所侵蚀以尽，试一流览书肆，其出版物，除教科书外，什九皆小说也。手报纸而读之，除芜杂猥屑之记事外，皆小说及游戏文也。举国士大夫不悦学之结果，

《三传》束阁，《论语》当薪，欧美新学，仅浅尝焉为口耳之具，其偶有执卷，舍小说外殆无良伴。故今日小说之势力，视十年前增加倍蓰什百，此事实之无能为讳者也。然则今后社会之命脉，操于小说家之手者泰半，抑章章明甚也。"【告小说家，9 集，294 页】

本年—1916 年，著《盾鼻集》。

1916 年（民国五年丙辰/日本大正五年）四十四岁

1 月 2 日，"现一步不出门，（并不下楼。）每日读书甚多，顷方拟著一书，名曰《泰西近代思想论》，觉此于中国前途甚有关系。……有人来时，可将下列书检托带来，但检交季常丈处，彼自能理会也。《哲学大辞书》七册；《文艺全书》一大厚册，似是早稻田大学编辑，隆文馆发行；《津村经济学》，新改版者。"【致梁思顺，20 集，116 页】

1 月 7 日，"此间甚安，吾每日早睡早起，眼病亦渐痊，可每日读书作文甚多，此时暂不它行。"【致梁思顺，20 集，117 页】

1 月 20 日，著《国文语原解》（刊于《大中华杂志》第 2 卷第 1 期）。

1 月 21 日，"吾在此甚安，每日治事之暇，以读书习字自乐。临汉隶将百纸矣。旬日内将一东渡，在彼小作句留，返沪后再定行止。"【致梁思顺，20 集，117 页】

1 月，"此间言论极不自由，有力之报皆被贿收，外报亦然。（路透电最可厌。）我军机关惟《时事新报》及《中华新报》两家，皆受压追，未知命运能有几日。宁沪久不动，此间立足之困难可想。吾每日皆竭全力以作文，然皆未发表，稍待时局发展然后于数日间尽发之。盖发布后倘效力不能应时立见，则吾将不复能居此，而于大局甚有妨，故不得不稍忍待也。”【致蔡锷第二书，19 集，2 页】

2 月 8 日，“吾近来心境之佳，乃无伦比，每日约以三四时见客治事，以三四时著述，余晷则以学书。（近专临帖不复摹矣。）终日孜孜，而无劳倦，斯亦忧患之赐也。”【致梁思顺，20 集，120 页】

3 月 18 日，“贱状具彼，不复缕述矣。别有《敬告国人》一篇，请即登报，并托亮畴兄译西文登之。仆尚须在此五日，闻桂已于十五日发表，果尔，则正觉顿到之次日也。”【致陈叔通、刘厚生等，19 集，36 页】

3 月 18 日，“寄去《从军日记》一篇，共九叶，读此当详知吾近状。书（此间无书不拆，故不敢付邮。）展转托递，恐须一月后乃达，其时吾踪迹当暴露于报中矣。此记无副本，宜宝存之，将来以示诸弟，此汝曹最有力之精神教育也。文辞亦致斐亹可观矣。”【致梁思顺，20 集，125 页】

3 月 25 日，“曾发热两日，极狼狈，……病起后即捉笔著成《国民浅训》一书，约二万言，此书真我生之绝好记念也。”【致梁思顺，20 集，127 页】

3 月 25 日，“今日尚未成行，焦灼何似。顷偷此空隙，著成《国民浅训》一书，兹将原稿寄上，请即付印。但商务现时恐不便挂名出版，请任意提一书局名充之。（似［俟］将来能挂名时再改正。）其版权则仍以归商务，惟先印十万部，作为代弟印，由弟设法销之，其印费请商务先代垫也。（其由商务分售各处者，仍照版租例算，应印多少，商务自酌，此十万部则额外也。）”【致陈叔通、范静生，19 集，36—37 页】

3 月 26 日，“明晨起来稍觉清明，及下午而热大起，一夜之苦痛，真非言语所能形容。……病起后，胸无一事，于是作《国民浅训》一书，三日夜成之，亦大快也。”【致梁思顺，20 集，127—128 页】

3 月 25 日，著《国民浅训》。

4 月 6 日，“三月二十七入镇南关，四月四日抵南宁，距发沪时恰一月矣。……途中读哲学书，醰醰有味，颇复斐然有述作之志。前在越南寄上《国民浅训》一书，凡三十本，已收到否？别无副本，若失去则枉费心力矣。座客最不耐此。云集，匆匆作此，余续陈。”【致徐佛苏、范静生等，19 集，507—508 页】

7 月 14 日，“近日心绪殊不宁帖，因悲悯于时局，益怆念于死生，非全行摆脱外事，则忧患相缘者恐未艾，然正有不能摆脱者存，奈何！奈何！……著述竟不克着手，惟学书较前益勤，日常尽二十纸，‘经’已抄完，顷方钞‘子’，稍足收敛此心耳。汤家物已购备，俟便带来。”【致梁思顺，20

集，132 页】

7 月 27 日，“智水仁山一涤澳浊，想起病之功，胜读枚叔《七发》也。”【致蹇季常，19 集，92—93 页】

本年，著《〈曾文正公嘉言钞〉序》《〈曾文正公嘉言钞〉钞例》《番禺汤公略传》《南海王公略传》《新会谭公略传》《邵阳蔡公略传》。

1917 年（民国六年丁巳/日本大正六年）四十五岁

4 月，著《〈曾胡治兵语录〉序》。

11 月 17 日，著《请发保和殿〈四库全书〉副本文》。

本年，著《麻哈吴公略传》《贵定戴公略传》《都匀熊公略传》《永川黄公略传》《书刘道一烈士传后》。

1918 年（民国七年戊午/日本大正七年）四十六岁

本年春夏间，著《志语言文字章》《志三代宗教礼学》《太古及三代载记》《春秋载记》《战国载记》。

5 月 5 日，“吾每日晨六时前必起，十一时前必睡，似此已多旬矣。君用决心强制，欲克制三十年来恶习，缘此致病数日。就两旬来形势论，似不败矣。每日著书能成二千言以上，三四月后，当有以餍公之心目也。……（吾有一秘诀，即晚饭后不著书，不读书，治杂事而已。用是能就枕即睡，此书写后，即就枕矣。）”【致籍亮侪，19 集，89—90 页】

5 月 7 日，“半月前恒彻底不睡，比出全力矫之，已能十一时就枕，未明而起，午前辄属稿千余言，如是者五日矣。若守此不变，造成新习惯，岂非庆事，想公闻此一破颜也。”【致蹇季常，19 集，95 页】

5 月，“所著已成十二万言，……体例实无余暇作详书告公，弟自信前无古人耳。宰平曾以半日读四万言之稿两遍，谓不忍释，吾计凡读者或皆如是也。顷颇思‘先秦’杀青，（约端午前可成。）即先付印，（《传》、《志》别行，此惟有《年表》、《载记》、《志略》三种。‘先秦’之部都十一卷，冠以《总叙》一卷，约二十万言也。）故愿与公一商印事。鄙意极厌洋装，惟有地图，有金石拓片，华装能否善此？若能之，甚望商务为特装一仿宋铅字印之，（如西泠社所有，尚需加精。）为商务计，若欲复古籍，此固不可少也。”【致陈叔通，19 集，37 页】

7—8 月，“‘泉拓’及‘说’敬收。（安肯不留。）顷方读《古泉汇》，……因往摩挲，兴味大起，购致实品，需力需时，此不敢遽希冀，颇思广搜拓片，公遇机乞为我致之。顷复思出杂志，专言学问，不涉政论，即以通史稿本分期付印，广求当时评骘，（目的在此。）其他读书笔记之类，数月来所积亦不少。”【致陈叔通，19 集，38 页】

8 月 4 日，著《饮冰室读书记》。【据耿云志主编《胡适遗稿及秘藏书信》】

8—9 月，“病中饮食如恒，（胃始终健。）读书亦不少，知念谨闻。海上亲旧相爱者，请为告语，（杨习共之处请为

应酬。）匆匆复不尽。《灵鹣泉拓》颇欲得之，非为稽古，亦宝亡友手泽也。”【致陈叔通、张菊生，19集，39页】

9月15日，“叔通、希陶两书呈阅，弟宜覆之。病可谓已全愈，但山行却未可，现仍未下楼也。每日读书颇多，心境殊畅适，勿念。”【致梁启勋，20集，362页】

9月23日，“日来上午读《庄》、《列》，（《列子》已批注一过。）下午读《香山诗》，殊与病躯相适，诗兴渐发，或遂有所造也。”【致梁启勋，20集，362页】

9月24日，“天如前日复来珍视，今日便止药，除著书、饮酒两事外，一切皆复我自由。”【致梁启勋，20集，363页】

9月29日，“奉教饶益实多，读经法已受持（顷诵《圆觉》）。殊觉有妙绪，惟净土一宗向非所嗜，念佛功德之信心不起。公能举此宗入门之书相饷否？相宗书欲便从窥师《识论述记》入手何如，贱躯确已复元，可以从事矣。”【致林宰平，19集，335页】

9月30日，“顷决意仍暂辍著述，一月后乃图赓续。每日常课，晨七时起，负曝于思顺书房中，即以其时诵《楞严》、《圆觉》两经，（欲使成诵。）九时写经，（《圆觉》。）十一时读《孟子》，（加眉批。）一时半午睡，三时读《唯识论述记》，五时静坐，六时读苏诗，晚游竹林，游讫，静坐中间。常散步庭中，习深呼吸，所谓体操者，即此耳。下楼以前，尝批《列子》一部，圈点《白香山诗》一部，此外仍

常有笔记，似此事业亦不为鲜矣。”【致梁启勋，20集，364页】

10月4日，“三日前有一友以印光法师文稿相饷，其人为普陀住持，集中专提倡净宗，其词警策，读之前疑已释八九，傥所谓机缘者耶？至即便信受奉行，更当读公所示诸书，（此间有《云栖法汇》，他皆无，间拟先读此中数种。）俾信不退转耳。欲从事相宗者，因《圆觉》太高妙，恐不易入，且诸名相之解释，尚未精了，即义谛无从莹澈，故拟从繁重处入，既公见规，当稍缓之。《圆》、《楞》两经疏解，何本最善，读大疏文句何如？”【致林宰平，19集，336页】

10月7日，“数日来读《竹窗随笔》、《云栖遗稿》，生大惭愧，增长信根，极欲更求憨山、蕅益诸集读之，以助修行，不审金陵皆有刻本否，请将集名开示。（金陵所刻《经目录》希寄一张。）”【致林宰平，19集，336页】

10月8日，“领取国务院藏书者，其情节已面告擎一，现在进行何如？……收得后即运天津，待由此间再一检点，乃寄沪也。弟久有志译占士心理学，何不即着手预备，作终身一大业耶？（有人读与否不必问。）”【致梁启勋，20集，364页】

10月13日，“有人从陇上寄来唐人写经四卷，以一卷赠弟，由藻玉堂老王带上，已收否？”【致梁启勋，20集，365页】

约10月18日，“《圆觉》已写成，明日托溥泉带往装

潢。《列子》批本乞速向君劢索还。款已收。”【致梁启勋，20集，365页】

12月1日，著《欧战结局之教训》。

12月1日，“请读一读《列子》里头的《力命》篇，他假设两个人，一个人名叫做力，一个名叫做命，两人较量功德，这位力先生到底屈伏在那位命老爷的底下，这就算自由意志不成立的断案。这种或叫做自然说，或叫做宿命说，不独我中国多年盛行，就是西方古代的印度咧，希腊咧，近代的欧美各国咧，也有许多宗教家、哲学家力持此论，与自由意志说对抗，势力狠是不可侮哩！”【自由意志，9集，825页】

约12月12日，“观察带来各物及昨寄支票均已收，顷欲得《南海游记》全份备参考，请询澄一、公立诸君代为搜集。弟何日来耶？”【致梁启勋，20集，366页】

约本年年底，“又尊处存有《海关通志》两册，请即邮来。”【致梁启勋，20集，367页】

本年，“由铭三托杨千里刻石印，润笔四十六元，请代交去。又印昆代买金石拓本一百六十二元，请并交。”【致梁启勋，20集，367页】

本年，“吾廿一日本拟来，因含沙射影且多，只得在家致心敬而已。一月来为儿曹讲‘学术流别’，思顺所记讲义，已裒然成巨帙，（《史稿》仅续成八十余叶耳。）惜能领解者少耳。疾已愈，勿念。”【致梁启勋，20集，370页】

本年，“两日来未属稿，缘搜集资料而整齐之，非数日之功不可，大抵每卷皆如是也。而《战国》尤艰，《国策》之颠倒纰缪不可究诘，（《秦策》开卷苏秦、张仪两篇，所言皆仪、秦以后事，他可推。）《史记》亦矛盾漏略百出，每读使人疾首，恐此卷非旬日可就也。稿在都，钞殊不便，因随时校改者甚多，且须触得即改，稍纵逝矣。（第一卷应改者甚多，或须全篇别构也。）今仍令思顺、廷伟任此，或钞成一通后更在京录副耳。……吾欲购两书而羞出诸口。其书维何？曰《策学备纂》、《策府统宗》也，虽《兔园》之册，然省日力多矣。弟试为我求之，恐政不易得耳。”【致梁启勋，20 集，370 页】

本年，“为群儿讲‘学术流别’，三日后当了，更拟为讲《孟子》，（非随文解释，讲义略同学案也）。”【致梁启勋，20 集，371 页】

本年，“《策学备纂》，（《统宗》亦勿买。）顷在故书堆中竟得一部，可勿再购。购《韫山集》于名誉无伤，此则太可耻矣。”【致梁启勋，20 集，373 页】

本年，“日来仍每晨六时必起，前两日能日成三千余言，近因所著之篇（《春秋》。）头绪太复，昨今所成殊少也。五色墨望速致，颇需此也。”【致梁启勋，20 集，375 页】

本年，“《战国纪政》三部，今日当可毕业，弟又当浮白也。”【致梁启勋，20 集，376 页】

本年，“两日来校碑益勤，昨夜竟几达旦也。”【致梁启

勋，20 集，376 页】

本年，“筹广见赠《兰亭》可交书贾王某（鉴古旧件。）带来，当别函彼来取也。”【致梁启勋，20 集，378 页】

本年，“《广雅丛书》鉴古堂所有者，开一目录来，似甚备，索值八十元。（大约照其价单八折便得。）弟所见者，若种数多于此而廉于此，则请告鉴古勿送来，别购彼本，若略相当，则乃留鉴古者可耳。溥泉书之有言，何君代觅三段碑，得葛姓者一本，是葛德三否？吾曾见彼家一本拓，不甚佳也，顷方托在粤觅，觅不得当再商耳。曾见葛家有千字未损本，《礼器》拓极精，惟索直昂，不敢问津。何君若与葛有旧，不妨一问之，勿言我求也。……《船山遗书》可购之，家中无有也。”【致梁启勋，20 集，378—379 页】

本年，“欲得马氏《绎史》、《读史方舆纪要》、《汉魏丛书》三书，请代购。迟日汝嫂归时，交仆人带还。又，溥泉代装诸碑，若装就，以其时带还最善。”【致梁启勋，20 集，379 页】

本年，“欲购《玉函山房辑佚书》一部，请代致。”【致梁启勋，20 集，379 页】

本年，“溥泉代购碑数张，除《大兴国寺》、《李琮》两种已有，今退还外，（迟日由李福带上。）余悉留下，请代付值。”【致梁启勋，20 集，380 页】

本年，著《叶鞠裳〈语石〉》。

本年，“有一事欲奉询者，顷读杭人丁益甫先生谦所著地理书，叹服至五体投地。最近闻人言此老尚在人间，（闻寓杭城。）颇欲上书，有所请益，公能访知其居，且为介绍否？阁帖印成，赠我三十何如，相索而许之者，（非有力之人。）计已二十矣。……公藏泉之富，闻已号海内第一，有何资料足以饷我，公诚宜著一书，不尔不辜负耶？《泉谱》以何人所著为最新最备，极思稗贩供史料也。”【致陈叔通，19 集，38 页】

1919 年（民国八年己未/日本大正八年）四十七岁

1 月 5 日，著《意志之磨炼》（刊于《大公报》1919 年 1 月 5 日）。

2 月 13 日，“初登舟即开始习法文，顷已记诵二百字，循此不倦，归时或竟能读法文书矣。每日功课晨起专习法文约一时许，次即泛览东籍，约两三日尽一册。午后假寐半时许，即与百里下棋，日两三局。傍晚为打球戏，晚饭后读文学书，中间仍时时温诵法文。……明日抵哥仑波，泊舟二日，其地为佛说《楞伽经》处，当恣意揽胜耳。”【致梁思顺，20 集，140 页】

2 月，著《论〈孟子〉》。

6 月 16 日，“十四日访斯密亚丹故居，即著《原富》处，今为马厩。

8 月 4 日，“昨日在海牙附近之罗特德谟，乘游船颇乐，惜不能上溯来因耳。吾近来读书已用眼镜，噫！垂垂老矣。”

【致梁思顺，20 集，144 页】

8 月，著《英国对华贸易观》（刊于《银行周报》第 120 号，1919 年 10 月）。

10—12 月，著《欧游心影录》。

11 月 5 日，“吾现仍居巴黎附近之白鲁威，……吾现在惟有两种功课，日间学英文，夜间作游记，英文已大略能读书读报了。吾用功真极刻苦，因此同行诸君益感学问兴味。……吾四人明年二月游德、奥、波兰，四月归。此书可钞寄家中，吾本欲别作书，今已倦极了，一阁又不知阁到何时也。吾现在又晏睡晏起，二十年恶习全然规复了。”【致梁思顺，20 集，147 页】

12 月 6 日，“两月来生活完全恢复须磨旧状，读书著述固多，然昼夜又已易位矣。相见不远，不复缕缕。此书到后，弟尚可得我一二十邮片也。”【致梁启勋，20 集，383 页】

1920 年（民国九年庚申/日本大正九年）四十八岁

4 月 20 日，著《欧游心影录（补）》（刊于《时事新报》1920 年 4 月 20 日）。

4 月 20 日，“汝研究欧美妇人问题，欲译书甚好，可即从事，我当为汝改削、出版，顷吾方约一团体从事斯业也。今年能归来度岁否？甚望，甚望。《欧游心影录》汝已见否？”【致梁思顺，20 集，151 页】

9 月，“缘起当即做，简函当即发，第一期中坚题原议为

‘新文化我观’，细思略嫌空泛，且主张各不同，易招误会，似宜改择一近于具体之题，鄙意欲改为‘废兵运动’，何如？此最投合国民心理，且可以有许多切实之谈，若吾弟国民军之主张即可以提出，弟若谓然，请即一面预备一有声光之文，一面告东荪，一面告都中同人，共同发抒。……吾辈于文字以外，总须目前便有一种事实上之结合运动。”【致蒋百里，19 集，130—131 页】

10 月 18 日，“公前责以宜为今文学运动之记述，归即嘱稿，通论清代学术，正宜［拟］钞一副本，专乞公评骘。……超过于白话诗问题，稍有意见，顷正作一文，二三日内可成，亦欲与公上下其议论。对于公之《哲学史纲》，欲批评者甚多，稍闲当鼓勇致公一长函，但恐又似此文下笔不能自休耳。”【致胡适之，19 集，64 页】

11 月 29 日，著《清代学术概论》。

12 月 31 日，著《〈欧洲文艺复兴史〉序》。

本年，著《孔子》（附：《世界伟人传》第一编《孔子》）。

本年，著《老子哲学》。

本年，著《老、孔、墨以后学派概观》。

1920—1925 年，著《中国佛学史稿》。

1921 年（民国十年辛酉/日本大正十年）四十九岁

2 月 7 日，著《墨经校释》。

2月10日，“冬假辍讲两旬，偷余晷成《墨经校释》四卷，今以呈，别有《读墨经馀记》一篇，尚未成，当一并奉教。”【致胡适之，19集，65页】

本月，著《〈动忍庐诗存〉序》。

3月20日，著《〈辩论术之实习与学理〉序》。

4月5日，著《墨子学案》。

本年春，“别寄上《墨经校释自序》、《读墨经余记》等篇，乞是正。《校释》顷已有多条自改者，（校语加增。）但大端无甚更动耳。公能于一星期以稿见还，俾得改定最妙。……再者，公谓经非墨子作，弟不敢苟同。”【致胡适之，19集，65页】

5月30日，“尝告彼‘学问是生活，生活是学问’，彼宜从实际上日用饮食求学问，非专恃书本也。汝三姑嘉礼日内便举行，吾著书已极忙，……但家有喜事，总高兴耳。”【致梁思顺，20集，154页】

5月，著《〈蒋叔南游记〉第一集序》。

本年秋，“拙著《中国历史研究法》，现已脱稿付印，兹寄呈第一、二、三、四、五章，请公先阅，并望斧正，……尊著《实斋年谱》已读，至佩。匆匆未能有所把评贡献，原稿交在君奉还。下星期四入京小住，当图良晤。”【致胡适书，19集，66页】

10月4日，“昨书言韦尔思《史纲》译事，想已达。韦氏（吾在英时曾晤数次，谈甚洽，彼书亦有征引吾说者。）

为当代一著名文学家，其书文极优美，在欧诸友曾劝吾译之，吾英文既不通，为事甚劳，故未之许也。……吾因欲授小儿以国文，故本年暑假三个月中每日分半日为之改润，（现仍每日分两点钟为之。）故此书虽号称儿曹所译，实则无异我自译，（亦可谓私爱厥子，借此教授。）因其书为文学的，故吾于行文特加注意，往往竟半日仅改千字耳。（吾自著书每日总在四千言内外。）吾改时置译者于旁，（亦自用原书参考。）疑辄阅之，自信此改本可谓信达雅兼备矣。（此书若译笔拙劣则精华尽失矣。）”【致陈叔通，19 集，39—40 页】

11 月，著《诸子考证与其勃兴之原因》。

11—12 月，“十日内得三君书共七通，都未作答，（《史微》已收，请先代谢孟敏先生。）实因我太忙了。我日来在南开讲义加增钟点，……又须整理讲义付印，又须替思成改译稿，此外还常常有‘野鸡文章’……”【致蒋百里、张东荪、舒新城，19 集，133—135 页】

12 月 21 日，著《“知不可而为”主义与“为而不有”主义》。

本年，著《从发音上研究中国文字之源》。

本年，“《尝试集》读竟，欢喜赞叹，得未曾有，吾为公成功祝矣。然吾所尤喜者，乃在小词，或亦夙昔结习未忘所致耶。窃意韵文最要紧的是音节。吾侪不知乐虽不能为必可歌之诗，然总须努力使勉近于可歌。吾乡先辈招子庸先生创造粤讴，至今粤人能歌之，所以益显其价值。”【致胡适书，

19 集，67 页】

本年，“大著《墨经新诂》读竟奉还。亦间附签注，希察采。别有复公一书附印拙著末，今以抄本奉呈。……卷端有数十字乃大醉后所书，醒后视之，不觉喷饭，本宜裁去，计以此博公一噱亦良得，故遂存之。……公顷何所为？病全愈耶？罢课中倘能得新著，亦未始非幸。仆顷重理佛教史，前稿可留者仅十之一耳，无怪古人难于著书。若我辈急就者，势必书方印成即思毁板耳。”【致胡适书，19 集，67 页】

1922 年（民国十一年壬戌/日本大正十一年）五十岁

1 月，著《中国历史研究法》。

2 月 3 日，“前所谭《世界史纲》译事，已商诸清华学生。顷得小儿复禀，（今以附尘。）知全书不日可成。……此三学生英文程度皆颇良，译成后复经丁在君校阅一过，而弟为之润文，自当较寻常译本为完善。”【致高梦旦、陈叔通，19 集，59 页】

2 月 22 日，著《〈时务学堂札记残卷〉序》。

3 月 21 日，著《〈孟禄讲演集〉序》。

3 月 22 日，“张君寄示此稿，考证精核，极见学者态度。其标题及组织，采用文学的方式，尤有意趣。鄙人对于此案虽未撤回原诉，然深喜老子得此辩才无碍之律师也。”【张煦《梁任公提诉老子时代问题一案判决书》识语，11 集，367 页】

3 月 25 日，著《中国韵文里头所表现的情感》。

本月，著《评胡适之〈中国哲学史大纲〉》（刊于《晨报副刊》1922 年 3 月 13—17 日）。

4 月 15 日，“稍为读过西洋史的人，都知道现代西洋文化，是从文艺复兴时代演进而来；现代文化根柢在那里？不用我说，大家当然都知道是科学。然而文艺复兴主要的任务和最大的贡献，却是在美术。……我希望中国将来有‘科学化的美术’，有‘美术化的科学’，我这种希望的实现，就靠贵校诸君。”【美术与科学，15 集，357—360 页】

4 月 16 日，著《评非宗教同盟》。

5 月 21 日，著《情圣杜甫》。

7 月 3 日，“两诗妙绝，可算‘自由的词’。……我虽不敢说无韵的诗绝对不能成立，但终觉其不能移我性□，韵固不必拘定什么佩文斋诗韵、词林正韵等，但取用普通话念去合腔便好。句中插韵固然更好，但句末总须有韵，自然非句句之末隔三几句不妨。若句末为语助词，则韵挪上一字，（如‘非报也，永以为好也’。）我总盼望新诗在这种形式下发展。”【致胡适书，19 集，68 页】

7 月 5 日，“人类之进步，专赖综合已往之智识经验而灌输于现在，使其智慧道德继续增高。故过去之经验，与未来之发展，关系至巨。……但历史仅为一种书籍。其所载事迹，恒不能表现，欲表现之，非博物馆不可。”【山东历史博物展览会开幕演说词，15 集，390 页】

8月5日，著《教育家的自家田地》。

8月13日，“中国向来非不讲美术——而且还有很好的美术，但据多数人见解，总以为美术是一种奢侈品，从不肯和布帛菽粟一样看待，认为生活必需品之一。……专从事诱发以刺戟各人器官不使钝的有三种利器：一是文学，二是音乐，三是美术。”【美术与生活，15集，399—401页】

8月20日，著《科学精神与东西文化》。

8月31日，“这几年来所谓新文化运动，举国的先觉相率提倡，一般青年勇猛前进。……人类所发生的文明都可谓之新文化，……所以要讲新文化，必有两个先决的要点：一、在知识上要有科学的理解；一[1]、在品格上要有自律的情操。新文化在现在要养成一种最优秀、最新颖的事业，一方要有新知识，否则在现世站不住；一方要有新人格，否则不能生存。新知识和旧知识不同的点，就是新的无论何事总是用科学的去研究。”【什么是新文化[2]，15集，419—421页】

10月8日，“一、寄上《大乘起信论考证》稿本一册，请分两期登《东方杂志》。此文颇极得意，初时本拟作数千言，卒乃成此巨帙，甚可笑也。此文登杂志后，最好另印单行本，因爱读佛典之人，不必皆阅《东方杂志》也。……尚拟作《楞严经考证》一篇，（至多不过四五千字。）若印单行

---

① 原文如此。

② 据长沙《大公报》1922年9月1—2日，系同年8月31日在湖南长沙第一中学讲授关于“科学的理解与自律的情操”的报告。

本时，即可附入。若有意如此办，弟即赶作。常识丛书之《释迦》一部，准阳历十一月三十以前交卷。”【致张元济、高梦旦书，19 集，613 页】

10 月 10 日，“民国九年春，归自欧洲，重理旧业，……以全力从事著述。已印布者，有《清代学术概论》约五万言，《墨子学案》约六万言，《墨经校释》约四万言，《中国历史研究法》约十万言，《大乘起信论考证》约三万言，又三次所辑《讲演集》约共十余万言。其余未成或待改之稿，有《中国韵文里头所表示的情感》约五万言，《国文教学法》约三万言，《孔子学案》约四万言。又《国学小史稿》及《中国佛教史稿》全部弃却者各约四万言。其余曾经登载各日报及杂志之文，约三十余万言。辄辑为此编，都合不满百万言，两年有半之精力，尽在是矣！……上卷即《欧游心影录》之一部分，彼书既中辍，录其可存者分别标题，凡八篇。中卷专为研究佛典之著作，内中有《中国佛教史》之一部分，都凡十二篇。下卷研究国史及其他国学之著作及政治问题诸论文与夫无可归类者，凡二十七篇，与三次所编《讲演集》无一从同焉。”【“近著第一辑”序，11 集，373 页】

10 月 10 日，著《中国历史上民族之研究》。

本月，著《五十年中国进化概论》。

11 月 3 日，著《屈原研究》。

11 月 10 日；著《历史统计学》。

11 月 23 日，“前晚陈老伯请吃饭，开五十年陈酒相与痛饮，我大醉而归。（到南京后惟此一次耳，常日一滴未入口。）翌晨六点半，坐洋车往听欧阳先生讲佛学，（吾日日往听。）稍感风寒，归而昏睡。张君劢硬说我有病，……彼又干涉我听佛经，（本来我听此门功课用脑甚劳。）我极舍不得，现姑允彼明晨暂停（但尚未决。）一次。……汝等不必着急，吾自知保养也。”【致梁思成、梁思永、梁思忠，20集，156—157页】

11月28—29日，“每来复一、三、五从早上七点半起至九点半，（最苦是这一件，因为六点钟就要起来。）我自己到支那内学院上课，听欧阳竟无先生讲佛学。”【致梁思顺，20集，158—159页】

12月12日，著《〈儒家哲学及其政治思想〉识语》（刊于《晨报副镌》1922年12月12日）。

12月27日，著《为学与做人》。

12月28日，“启超治中国政治思想，盖在二十年前，于所为《新民丛报》、《国风报》等，常作断片的发表。……今春承北京法政专门学校之招，讲先秦政治思想，四次而毕，略赓前绪而已。秋冬间，讲席移秣陵，为东南大学及法政专门讲此本。讲义且讲且编，起十月二十三日，讫十二月二十日，凡两阅月成。初题为《中国政治思想史》，分序论、前论、本论、后论之四部，其后论则自汉迄今也。……因所讲仍至先秦而止，故改题今名。启超讲述斯稿之两月间，以余力从欧阳竟无先生学大乘法相宗之教理，又值德人杜里舒博士同在金陵讲学，而张君劢董其译事，因与君劢同居，日夕上下其议论。兹二事者，皆足以牖吾之灵而坚其所以自信。还治所业，乃益感叹吾先哲之教之所以极高明而道中庸者，其气象为不可及也。”【先秦政治思想史①，11集，415页】

本月，著《什么是文化》②。

本年，著《作文教学法》。

本年，著《中学以上作文教学法》。

1923年（民国十二年癸亥/日本大正十二年）五十一岁

1月9日，著《治国学的两条大路》③。

1月16日，著《〈荀子人性的见解〉识》。

1月19日，著《戴东原先生传》（载《饮冰室合集·文集》之四十）。

1月24日，“我近日精神益焕发，因为功课减少之故。我早上听佛学的功课到底被君劢破坏了，因此益清闲，每日专心致志著一部书，讲一门功课，从容极了，医生再来检查也没有什么话说了。……你看《晨报》和《时事新报》没有？若看，应该看见我许多文章。”【致梁思顺，20集，163页】

1月29日，“我现在托病杜门谢客，号称静养，却是静

---

① 亦名《中国圣哲之人生观及其政治哲学》。
② 系1922年12月为南京金陵大学第一中学讲演。
③ 系1923年1月9日为南京东大国学研究所演讲，李竞芳记录。

而不养。每日读极深奥的《成唯识论》，用尽心思，一日读三四叶，还是勉强懂得一点罢了。我很想去日本顽顽，（日本人把我近年的著作翻译出好几部，我们卖六角钱的，他们卖二元五十钱，可惊。）”【致梁思顺，20 集，163—164 页】

1 月 30 日，“弟顷读《唯识》，日籀正文两三叶，冀以半年内卒业，兄何以教之。”【致林宰平，19 集，337 页】

3 月 18 日，“放园南归，对于《时事新报》问题，……惟不管能售与否，周刊之改组此时便当预备。鄙意须由东荪负全部编辑之责，（放园主张用我名义，亦无不可，但事实上须东荪总揽耳。）每周出三张，第一张政谈及中外政治之纪载，（经济状况及其他杂件。）由东荪、君劢主任。第二张即学灯变相，（学行及教育事项。）由我主任。第三张文艺，请志摩主任。若能鼓起兴致办去，必有异彩。”【致陈叔通、黄溯初、张东荪、张君劢，19 集，40 页】

3 月 20 日，“小儿等所译《史纲》原稿五册，又序例一册寄上，此不过全书三分之一，其余于一月内续寄，盖彼辈于统一译名尚须检改也。弟当别作序一篇，亦一月内寄上。……弟因遵医戒养病，暂屏绝费心血之著作，读陶诗以自遣。此两旬间成一书，拟提曰《陶渊明》。内分三部分：（一）陶渊明之品格及其文艺价值，（二）陶渊明年谱，（胡适之来此数日极激赏此作。）（三）陶诗解题及新笺。（此部分尚有少许未成。）……《释迦》一篇在组织中。《陶渊明》完功后，当全力着手。”【致高梦旦，19 集，60 页】

4 月 3 日，“《汾州府志》不必借读，但欲公饬人将原序抄寄耳。顷欲辑《清儒学案》，先成数家以问世。其第一家即戴东原，现将脱稿，故欲知此书来历也。高邮王氏父子文集，闻有刻本，尊处有之否？又李先生因笃爱《祺堂集》、潘稼堂未《遂初堂集》、王山史宏撰《山志》、傅青主《霜红龛集》皆有否？（以上四书能代觅购尤感。）最好饬将涵芬楼所藏清人文集及笔记钞一目录见示，其有难得之本，尚拟托雇人抄写也。”【致张元济书，19 集，614 页】

本月，著《〈阳明先生传〉及〈阳明先生弟子录〉序》。

4 月 1 日，“这篇记[①]可以说是唐以前第一篇小说，在文学史上算是极有价值的创作。这一点让我论小说沿革时再详细说他。至于这篇文的内容，我想起他一个名叫做东方的 Utopia（乌托邦），所描写的是一个极自由极平等之爱的社会。荀子所谓‘美善相乐’，惟此足以当之。桃源后世竟变成县名，小说力量之大，也无出其右了。后人或拿来附会神仙，或讨论他的地方年代，真是痴人前说不得梦。”【陶渊明，12 集，43 页】

4 月 26 日，著《国学入门书要目及其读法》。

本月，著《中学国史教本改造案并目录》。

本月，著《巴黎和会预备提案序》。

5 月 5 日，梁启超在《晨报》发布启事：“我近来不做研

---

① 指的是陶渊明的《桃花源记》。

究现实政局的文字。”

5月9日，著《关于玄学、科学论战之“战时国际公法”——暂时局外中立人梁启超宣言》。

5月11日，“我现课彼在院中读《论语》、《孟子》、《资治通鉴》，利用这时候多读点中国书也很好。……我昨日已返西山著我的书了。今晨天才亮便已起，现在是早上九点钟，我已成了二千多字，等一会蹇七叔们就要来（今日礼拜六。）和我打牌了。”【致梁思顺，20集，167页】

5月26日，“呈上纸三张，一款志摩者，即昨日造谒之少年，其人为弟子之弟子，极聪异，能诗及骈体文，英文学尤长，以英语作诗为彼都人士所激赏。顷方将弟子之《先秦政治思想史》译为英文也。一款宰平者，其名为林志钧，深于佛学，前袁世凯称帝时，最先弃官者也，素敬先生，故为代求。一款藻孙者，其人为弟子之内侄，欲得数字以志景仰，希推爱随意为一挥，至幸。”【上康有为书，19集，226页】

5月29日，著《人生观与科学——对于张、丁论战的批评》（刊于《晨报副镌》1923年5月29日）。

5月，“吾欲汝以在院两月中取《论语》、《孟子》，温习谙诵，务能略举其辞，尤于其中有益修身之文句，细加玩味。次则将《左传》、《战国策》全部浏览一遍，可益神智，且助文采也。更有余日读《荀子》则益善。各书可向二叔处求取。《荀子》颇有训诂难通者，宜读王先谦《荀子集解》。可令张明去藻玉堂老王处取一部来。”【致梁思成，20集，

168—169 页】

6 月 1 日，“吾仍居西山，但日来频频入城，以之养静则殊不静也，但读书著述仍不废耳。”【致梁思顺，20 集，169 页】

6 月 13 日，“吾心境极佳，（身体亦益健。）读书至乐。”【致梁思顺，20 集，169—170 页】

7 月 19 日，“奉读大著《转注浅说》，从‘注’、‘建’、‘受’三字古训，求得‘转注’之真意义，可谓石破天惊。……鄙意欲稍为补充者，‘转’字训作‘转变’，犹后起之义。‘转’即‘乘传’之‘传’，其义亦为相属相受。故‘转注’二字之本身即转注也。仅用一‘转’字，或仅用一‘注’字，皆恐生异解，合用之则大著所谓‘免误会’也。‘假借’二字亦然。……自读大著，回检古籍有左右逢源之乐，二千年哑谜可以拨云见日矣。”【致许笃仁，19 集，530 页】

7 月 31 日，“梦兄委撰读书法极愿从事，惟因一月来在南开读讲，带编讲义，日不暇给，故未着手。”【致张元济、高梦旦书，19 集，615 页】

8 月 1 日，“书样寄上，有书复云搏请告以（我满脑里都

是顾亭林、戴东原，更无余裕管闲事也）。”[①]【致蹇季常，19集，100页】

8月11日，“国学讲义中《读书法》一种，顷已撰成一半，因恐全讲义出版时迫，谨先寄上。今夕到北戴河小憩，约五六日便归，余半当在彼成之。拙著似尚有未印出者，（《先秦政治思想史》、《任公近著》中下卷。）请一催何如？”【致张元济、高梦旦书，19集，615页】

9月15日，“一月前寄上读书法前半篇，未得复书，不知有无失落，祈一见示。”【致张元济书，19集，615页】

10月10日，著《戴东原生日二百年纪念会缘起》。

11月5日，“昨日松坡图书馆成立，（馆在北海快雪堂，地方好极了，你还不知道呢，我每来复四日住清华，三日住城里，入城即住馆中。）热闹了一天。今天我一个人独住在馆里，天阴雨，我读了一天的书，晚间独酌醉了，（好孩子别要着急，我并有恁么醉，酒亦不是常常多吃的。）”【致梁思顺，20集，175—176页】

11月22日，“前复一书，言《东方杂志》纪念号所拟题为《颜李学说与现代教育》，不审已收否？”【致高梦旦，19集，60页】

---

① “全集”脚注云“录自《梁任公先生年谱长编（初稿）》卷三十二‘民国十二年癸亥，五十一岁’，写于1923年8月1日。”查《梁启超年谱长编》第644页，“我满脑里都是顾亭林、戴东原，更无余裕管闲事也”似为小字，应低半行或扩注，否则句读不通。

12 月 1 日，著《〈清代政治之影响于学术者〉题记》（刊于《晨报》五周年纪念增刊号，1923 年 12 月 1 日）。

12 月 1 日，“昔读《亭林集·书潘、吴二子事》之篇，窃叹力田、赤溟两先生，弱龄树志，抗迹迂固，奋然以私家之力负荷国史，虽横撄文网，业弗克竟，然其所草创能使一代大师如顾宁人者，推挹咏叹，何其卓跞而闳远也！……吾友蒋百里手一编见视，则萧子一山之《清代通史》，为卷三，为篇十六，已写定者仅上卷三分之二，为篇四，为文三十余万言。余穷一日夜力读卒业，作而难曰：萧子之于史，非直识力精越，乃其技术亦罕见也。近世史学日益光大，若何而始谓之史？若何致力而可以得良史？此不乏能言之者。……萧子之学，未见其止，但以所睹本书四篇论，其所述者为明清嬗代之枢机，为欧亚接触之端绪，为迹至棼而不易理，为几至微而不易析。读斯书何其乙乙而抽，渊渊而入，若视庵摩罗于掌上，而嚼谏果于回甘也。遵斯志也，岂惟清史，渔仲、实斋所怀抱而未就之通史，吾将于萧子焉有望矣。夫力田、赤溟在今日，未知其视萧子何如？世有亭林，其必能衡而鉴之。民国十二年十二月一日梁启超序于京师北海之松坡图书馆。”【《清代通史》序，12 集，105—106 页】

12 月 2—4 日，著《清初五大师学术梗概——在北京平民中学讲》。

12 月 12 日，“我初读演存这部书，正值张、丁科玄论战战得最酣畅的时候。演存是一位造诣极深的自然科学家，我虽不懂自然科学，但向来也好用科学方法做学问，所以非科学的论调，我们当然不敢赞同。虽然，强把科玄分而为二，认为绝不相容，且要把玄学排斥到人类智识以外，那么我们也不能不提出抗议了。人类的智识欲，曾无满足之时，进一步又想进一步，进步的程序怎么样呢？我们的智识，其初不过断片的，东一鳞西一爪，我们不能满足于这种状态，于是把许多鳞爪分类综合起来，从这件事物和那件事物相关系之间求出共通的法则，是之谓科学。”【《自鉴》序》，12 集，115 页】

本年，著《〈稷山论书诗〉序》。

本年，著《朱舜水先生年谱》。

本年之前，“客岁惠我佳刻，一年以来，点读略竟。每一展卷，未尝不叹大君子网罗遗佚之功不在禹下也。……顷置馆于北海之快雪堂故址，水木清华，颇适弦诵。以馆中经费不充，庋储图籍未能大备，除欧文书有万余册别储外，本国先民旧作仅有四万余册，为卷不逾十万，皆海内博达君子先后惠捐，襄成盛美。……于尊刻各书叹慕之诚，载饥载渴，不避唐突，……再者：《章实斋先生遗书》弟处仅有坊刻活字本，久闻吾兄悉心收罗，刻为全帙，所收秘本出坊刻外者多种。……若于惠寄本馆外，能别赠我一通，且亲题数字，俾作纪念，尤所感激，不敢请耳。”【致刘承幹书，19 集，342 页】

1924 年（民国十三年甲子/日本大正十三年）五十二岁

1 月 20 日，著《戴东原著述纂校书目考》。

1 月 24—25 日，著《戴东原哲学》。

1 月 25 日，著《颜李学派与现代教育思潮》。

本月，著《文史学家之性格及其预备》。

2 月 10 日，著《明清之交中国思想界及其代表人物》。

2 月 11 日，著《近代学风之地理的分布》。

4 月 23 日，著《亡友夏穗卿先生》。

4 月 23 日，"顷著有《清代学者整理旧学之总成绩》一篇，……此文所分门类：一、经学；二、小学及音韵学；三、校注古字；四、辨伪书；五、辑佚书；六、史学；七、方志；八、谱牒；九、目录学；十、地理；十一、天算；十二、音乐；十三、金石；十四、佛学；十五、编类书；十六、刻丛书；十七、笔记；十八、文集；十九、官书；二十、译书。"【致张元济书，19 集，616—617 页】

6 月 7 日，"将来看准了那几位固定的阅览人，或尚可组织一真的读书俱乐部，乃至出一种印刷物，（读书杂志的周刊单张。）俟一两个月后看情形进行，我想把各杂志分类编起目录来，（用杜威分类写片。）试与蒋、耿两君商，不难办否？从初时办起，以后每月有新寄到者，即便续编，也不费力了。"【致蹇季常，19 集，102 页】

6 月 25 日，"此稿为吾近著《中国近三百年学术史》之一部分，在清华学校授课随授随编者。全书约四十余万言，

此居其四之一。”【《清代学者整理旧学之总成绩》序，12集，291页】

本月，著《怎样的涵养品格和磨练智慧》[1]（刊于《清华周刊》第318期，1924年6月）。

8月4日后，著《梁启超对于〈顺天时报〉启事》（北京大学图书馆善本室所藏稿件）。

9月5日，“舍亲李良庆新译《父母时代与儿童教养》一书，原著及译笔似皆不恶，谨介绍于馆中。”【致张元济、高梦旦书，19集，617页】

10月4日，著《恕讣不周》[2]（刊于《晨报》1924年10月4日）。

11月12日后，著《朱君文伯小传》。

12月3日，“汪莘叔耕《方壶词》，佳绝，不可不读。词在《彊邨丛书》中。”【致梁启勋，20集，392页】

约本年年底，“阁帖景本一套，请饬送伯唐。”【致梁启勋，20集，393页】

本年，著《中国近三百年学术史》。

本年，“凡认真读书的人，每读一部书，总要求得他正确的年代。《诗三百篇》，既非一时一人所作，想逐篇求得作者时代，本属绝对的不可能。但最低限的要求，也想知道全

① 系在清华大学所讲，贺麟、张荫麟笔记。
② 系梁启超夫人李氏领帖之布告。

部《诗经》在历史上所占的时间从某时起到某时止。专就这一点论，我敢大胆答复道，《诗经》没有周以前的诗，里头最古的作品不能过西纪前一一八五年之前，最晚的作品不能过西纪前五八五年以后，头尾所跨历史的时间约六百年。”【中国之美文及其历史，17 集，404 页】

1925 年（民国十四年乙丑/日本大正十四年）五十三岁

2 月 5 日，“年假期内督课群童，每晚辄聚讲读书，声出金石；群童乐不可支，但旷我著作常课亦不少矣。”【致梁仲策，19 集，290 页】

2 月 12 日，著《青年必读书》（刊于《京报副刊》1925 年 2 月 12 日）。

4 月 17 日，“我昨天闷了一天，今日已经精神焕发，和你七叔讲了一会书，便着手著述，已成二千多字。”【致梁思顺、梁思庄，20 集，183—184 页】

5 月 1 日，著《无产阶级与无业阶级》。

5 月 1 日，“桂儿能在暑假内叫他读《论语》最好。”【致梁思顺，20 集，185 页】

5 月，“启超年来耽治学业，于现状的政治久已间隔，且不愿闻问。……但夙昔所怀，有不得不豫为陈述者，谨因来命，略倾吐之。”【复段芝泉执政论宪法起草会事，19 集，53 页】

约 5 月，“我现在每日著书多则三四千字，少则一千几

百，写汉隶每天两三条屏，功课有定，不闲不忙，早睡早起，甚是安适。”【致梁思顺等，20 集，187 页】

7 月 10 日，“思成前次给思顺的信说：‘感觉着做错多少事，便受多少惩罚，非受完了不会转过来。’这是宇宙间惟一真理，佛教说的‘业’和‘报’，就是这个真理。（我笃信佛教就在此点，七千卷《大藏经》也只说明这点道理。）凡自己造过的‘业’，无论为善为恶，自己总要受‘报’，一斤报一斤，一两报一两，丝毫不能躲闪，而且善和恶是不准抵消的。……并非有个什么上帝做主宰，全是‘自业自得’。又并不是像耶教说的‘到世界末日算总账’，全是‘随作随受’。又不是像耶教说的‘多大罪恶一忏悔便完事’，忏悔后固然得好处，但曾经造过的恶业，并不因忏悔而灭，是要等‘报’受完了才灭。……他说的六道轮回等等，不过为一般浅人说法，说些有形的天堂地狱，其实我们刻刻在轮回中，一生不知经过多少天堂地狱。……我的宗教观、人生观的根本在此，这些话都是我切实受用的所在。”【致孩子们，20 集，188—189 页】

8 月 16 日，“我近来政治兴味并不减少，只是并没有妨害著述事业。到北戴河以来，……却已把一部《桃花扇》注完，很有趣。”【致梁思顺，20 集，195 页】

9 月 14 日，“《后汉书》等本已在上海买妥。”【致孩子们，20 集，199 页】

9 月 19 日，著《介绍法比两大音乐家》（刊于《晨报》

1925 年 9 月 19 日）。

9 月 21 日，“今日寄去《后汉书》、《战国策》、《左传》及各种小说、识字方格种种，分十余包，（共十一包。）谅不久便到。”【致梁思顺、梁思成、梁思永、梁思庄，20 集，200—201 页】

11 月 17 日，著《要籍解题及其读法》。

12 月 6 日，著《〈龙游县志〉序》。

本年，著《中国文化史——社会组织篇》（《专集》之八十六）。

本年，著《桃花扇注》。

约本年，“《樵歌》四印斋有不完本，其完本则在朱古微之《彊邨丛书》，此丛书为古微所裒刻，宋元词凡数十种，洋洋大观。”【致梁启勋，20 集，400 页】

1926 年（民国十五年丙寅/日本昭和元年）五十四岁

1 月 21 日，著《〈汉书·艺文志·诸子略〉考释》。

1 月 22 日，著《〈淮南子要略〉书后》。

1 月 24 日，著《〈史记〉中所述诸子及诸子书最录考释》。

1 月 27 日，著《先秦学术年表》。

2 月 9 日，“我的病还是那样，前两礼拜已见好了。……又很费心造了一张《先秦学术年表》。”【给孩子们，20 集，211 页】

6月2日，著《我的病与协和医院》（刊于《晨报副镌》1926年6月2日）。

6月5日，“近来因我的病惹起许多议论。北京报纸有好几家都攻击协和，……我有一篇短文在《晨报》副刊发表，带半辩护的性质。”【致梁思顺，20集，217页】

6月11日，“潘吟阁君大著先寄返，内容已读过。”【致丁文江书（其一），19集，42页】

6月23日，著《〈松坡军中遗墨〉序》（据《松坡军中遗墨》，松坡学会1926年8月）。

10月1日，“读报知巨川先生遗文已裒辑印布，正思驰书奉乞，顷承惠简先施，感喜不可言罄。读简后，更检《伏卵录》中一段敬读，乃知先生所以相期许者如此其厚，而启超之所以遇先生者，乃知彼其无状！……《伏卵录》中相教之语虽不多，正如晦翁所谓一棒一条痕，一掴一掌血，其所以嘉惠启超者实至大。”【答梁漱溟书，20集，551—552页】

10月—1927年5月，著《中国历史研究法补编》。

12月3日，“亡友曾刚父身后萧条，……不得已处分其藏书，书虽不多，率皆初印精本也。环顾力能任此者，舍东方文化会外无它望，其书目已由玉虎交与爰理。开评议会决定时，盼公力予主持。……《刚父诗集》新印成，谨呈一册，并希察存。”【致江庸，19集，129页】

12月20日，“新近著成一书，名曰《王阳明知行合一之教》，约四万余言，印出后寄给你们读。”【致孩子们，20

集，232 页】

12 月 20 日—1927 年 2 月 12 日，著《王阳明知行合一之教》。

本年，著《荀子〈正名篇〉》《〈汉志·诸子略〉各书存佚真伪表（附本〈志〉以外伪书）》《司马谈〈论六家要指〉书后（录自〈太史公自序〉）》《〈庄子·天下〉篇释义》《荀子评诸子语汇释》《〈韩非子·显学〉篇释义》《〈尸子·广泽〉篇、〈吕氏春秋·不二〉篇合释》《晚清两大家诗钞题辞》《为什么要注重叙事文字》。

本年，“学校读经问题，实十年来教育界一宿题也。……吾自昔固疑读经之难，故颇袒不读之说，谓将经语编入教科书已足。吾至今亦仍觉其难也，然从各方面研究，渐觉不读之不可。……吾所以主张读经之理由略如此，至其详则愿以异日。……吾以为此不足以难吾说也，欲读经则非删经不可，非编经不可。一孔之儒，闻此或且大诟，不知今日经之废，实此种拘墟之见为之梗也。窃计群经之中，其言古代制度器物仪注者，径可不读，以俟大学考古之专科足矣。其政治谭及性命谭可以缓读可以摘读，且皆中学之事也。将此数部分删去，所余有几？且又皆文从字顺，能使儿童理解者矣，再分别编为年课，以小学八年之力，应读之经略毕矣。”【学校读经问题，14 集，299—300 页】

1927年（民国十六年丁卯/日本昭和二年）五十五岁

1月26日，“司法储才馆已经开学了，……我自己每星期六下午担任一堂功课，题目为‘人生哲学’。……现在我要做的事在编两部书：一是《中国图书大辞典》，预备一年成功；二是《中国图书索引》，预备五年成功。两书成后，读中国书真大大方便了。”【致孩子们，20集，241—242页】

2月5日，著《陆王学派与青年修养》。

2—6月，著《古书真伪及其年代》。

3月5日，著《学问的趣味与趣味的学问》。

3月10日，“思永说我的《中国史》，诚然是我对于国人该下一笔大账，我若不把他做成，真是对国民不住，对自己不住。……我是无可无不可，随便环境怎么样，都有我的事情做，都可以助长我的兴会和努力的。”【致孩子们，20集，255页】

3月，著《南海先生七十寿言》。

4月17日前，著《公祭康南海先生文》。

4月，著《〈曾刚父诗集〉序》。

本月，著《〈历代名人生卒年表〉序》。

5月22日，著《知命与努力》。

6月15日，“我本想暑期中作些政论文章，蹇季常、丁在君、林宰平大大反对，……每天除写写字、读读文学书外，更不作他事。”【致孩子们，20集，277页】

6月18日，“仆自去秋受北京图书馆之属托，编纂《中国图书大辞典》，一年以来，督率门人数辈，昕夕从事，……兴味引而弥长。窃不自揆，意欲使此书成后，凡承学之士欲研治某科之学，一展卷即能应其顾问，视以资料之所在，及其资料之种类与良窳，即一般涉览者，亦如读一部有新系统的《四库提要》，诸学之门径可得而窥也。……自谓其组织记述批评，皆新具别裁，与章实斋所谓横通者迥别，将来全书即略用此例。……现在同学数辈分功［工］合作，写卡片四万余纸，丛稿狼藉盈数箧，幸得董事会之助，使诸人薄得膏火之资，等于工读。”【致胡适，19 集，78—79 页】

9 月 20 日，著《王静安先生墓前悼辞》。

12 月，著《王森然著〈中学国文教学概要〉序》。

本年冬，著《〈王静安先生纪念号〉序》。

本年，著《儒家哲学》《读书示例——〈荀子〉》。

约本年，“佛学、日文书籍若干种，在清华。……卓君庸所赠《草诀》已收，当函谢之。”【致梁启勋，20 集，440—441】

1928 年（民国十七年戊辰/日本昭和三年）五十六岁

5 月 13 日，“新近有人送我一方图章，系明末极有名的美术家蓝田叔（《桃花扇》中有他的名字。）所刻‘嘉平’两字，旁边还刻有《黄庭经》五句。”【致梁思顺，20 集，313—314 页】

6 月 23 日，“就只爱买点书，我很想平均每月有二百元

（平常若没有特别支出，每月尚可腾出此数。）的买书费，对于我的读书欲也勉强充足了。”【致梁思顺，20 集，320 页】

8 月 22 日，“我辞了图书馆长以后，本来还带着一件未了的事业，是编纂《中国图书大辞典》，每年受美国庚款项下津贴五千元。”【致梁思顺，20 集，321 页】

8 月 31 日，“有□□间，万载辛启泰（字敬甫。）从《永乐大典》辑出《辛稼轩诗文集》四卷，购求不得，不识邺架或东方图书馆有此书否?”【致张元济书，19 集，620 页】

9 月 15 日，“伦哲如来书，称兰甫先生后人以先生手稿求售，且有《老子注》缮本，（此书从未见。）至可宝。”【致梁启勋，20 集，447 页】

9 月 22 日，“贱体日就康复，……惟籀读著述之病，殊不能减。日来撰成《辛稼轩年谱》，并为稼轩词作编年，竟十得七八，又得一佳钞，用校四印斋重雕之元大德本，是正伪舛，将及百条，深用自喜。一月来光阴全消磨于此中，再阅十日可蒇事矣。”【致陈叔通、叶揆初、□季荫、徐振飞，19 集，41 页】

本年秋，著《〈固安文献志〉序》（据曾荣：《梁启超佚文〈《固安文献志》序〉小考》，《历史档案》2016 年第 2 期）。

10月，著《辛稼轩先生年谱》[①]。

1929年（民国十八年己巳/日本昭和四年）五十七岁

本年无。

其余待考证著作：

《读书法讲义》《国家主义之发达》《黄梨洲》《小革囊》《加富尔恋爱谭（写情小说）》《中国法理学发达史论》《论大臣规避副署不足以逃责任》《责任内阁论》《资政院第一次应提出之议案》《中国人对于国际同盟的理想——国际联盟同志会第二回大会演说》

① 梁启勋《曼殊室戊辰笔记》："戊辰阳历三月十四日，丛帖之属脱稿。……《辛稼轩年谱》，九月十日始属稿，二十四日编至稼轩五十二岁，入夜痔大发，竟夕不能睡，二十五日过午始起，侧身坐属稿。二十六日，痔疮痛剧，不能复坐，二十七日，始入京就医，十月五日，始返，仍未能执笔。十月五日，从北京就医归，归途感冒发烧，不自觉，六七两日执笔校改前稿甚多。七日下午，始知有病，遂卧床两日。九日下午，势全退，乃赓续作此。十月十日，昨日午势已全退，今晨复升至三十七二，可厌之至。无聊故，仍执笔，十二日，为最后绝笔。"转引自丁文江、赵丰田编《梁启超年谱长编》，上海：上海人民出版社，2009年，第768页。

附录二：稀见文献索引

1. 德富苏峰“国民丛书”书目表

书名	著　者	出版社	出版年
01 進步乎退步乎（国民叢書第 1 冊）	德富猪一郎	民友社	1891
02 人物管見（国民叢書第 2 冊）	德富猪一郎	民友社	1897
03 青年と教育（国民叢書第 3 冊）	德富猪一郎	民友社	1903
04 静思余録（国民叢書第 4 冊）	德富猪一郎	民友社	1904
05 文学断片（国民叢書第 5 冊）	德富猪一郎	民友社	1904
06 天然と人（国民叢書第 6 冊）	德富猪一郎	民友社	1904
07 第二静思余録（国民叢書第 7 冊）	德富猪一郎	民友社	1895
08 風雲漫録（国民叢書第 8 冊）	德富猪一郎	民友社	1895
09 家庭小訓（国民叢書第 9 冊）	德富猪一郎	民友社	1896
10 経世小策　上下巻（国民叢書第 10 冊）	德富猪一郎	民友社	1896/7
11 単刀直入録（国民叢書第 11 冊）	德富猪一郎	民友社	1898
12 寸鉄集（国民叢書第 12 冊）	德富猪一郎	民友社	1911
13 文学漫筆（国民叢書第 13 冊）	德富猪一郎	民友社	1903
14 漫興雑記（国民叢書第 14 冊）	德富猪一郎	民友社	1899
15 世間と人間（国民叢書第 15 冊）	德富猪一郎	民友社	1899
16 社会と人物（国民叢書第 16 冊）	德富猪一郎	民友社	1899

续表

书名	著　者	出版社	出版年
17 生活と処世（国民叢書第 17 冊）	德富猪一郎	民友社	1900
18 日曜講壇（国民叢書第 18 冊）	德富猪一郎	民友社	1900
19 処世小訓（国民叢書第 19 冊）	德富猪一郎	民友社	1903
20 人物偶評（国民叢書第 20 冊）	德富猪一郎	民友社	1901
21 教育小言（国民叢書第 21 冊）	德富猪一郎	民友社	1902
22 第二日曜講壇（国民叢書第 22 冊）	德富猪一郎	民友社	1902
23 第三日曜講壇（国民叢書第 23 冊）	德富猪一郎	民友社	1903
24 近時政局史論（国民叢書第 24 冊）	德富猪一郎	民友社	1903
25 第四日曜講壇（国民叢書第 25 冊）	德富猪一郎	民友社	1904
26 第五日曜講壇（国民叢書第 26 冊）	德富猪一郎	民友社	1904
27 第六日曜講壇（国民叢書第 27 冊）	德富猪一郎	民友社	1905
28 読書余録（国民叢書第 28 冊）	德富猪一郎	民友社	1905
29 第七日曜講壇（国民叢書第 29 冊）	德富猪一郎	民友社	1906
30 第二天然と人（国民叢書第 30 冊）	德富猪一郎	民友社	1907
31 第八日曜講壇（国民叢書第 31 冊）	德富猪一郎	民友社	1907
32 第九日曜講壇（国民叢書第 32 冊）	德富猪一郎	民友社	1912
33 第三天然と人（国民叢書第 33 冊）	德富猪一郎	民友社	1910
34 第十日曜講壇（国民叢書第 34 冊）	德富猪一郎	民友社	1911
35 第十一日曜講壇（国民叢書第 35 冊）	德富猪一郎	民友社	1911
36 第十二日曜講壇（国民叢書第 36 冊）	德富猪一郎	民友社	1913

2.《和文汉读法》的两个版本

沈翔云编，励志会
1900 年版

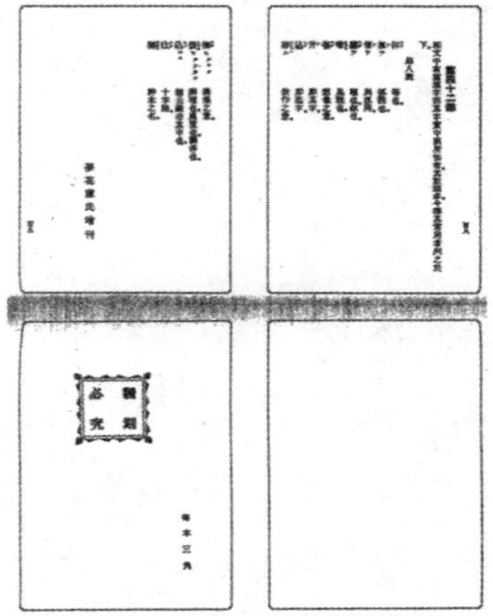

梦花卢氏增刊本，
刊年不明

这两个版本均收入李長波編集、解說：
《近代日本語教科書選集》（第 7 卷），
東京：クロスカルチャー出版，2010 年。

参考文献

一、论文

1 [日] 吉田薰:《梁启超与近代日本的相遇》,硕士学位论文,北京大学,2005 年。

2 [日] 吉田薰:《梁启超在日本的文化建构与传播——在编者与读者的视野中》,博士学位论文,北京大学,2009 年。

3 [日] 藤井省三:《鲁迅〈故乡〉的阅读史与中华民国公共圈的成熟》,《中国现代文学研究丛刊》2000 年第 1 期。

4 曹亚明:《承续与超越——论梁启超与五四新文学》,博士学位论文,暨南大学,2008 年。

5 曹亚明:《从“和文汉读法”看梁启超对西学的“中国式接受”》,《惠州学院学报》(社会科学版) 2011 年第 4 期。

6 曹亚明:《从“新文体”到“白话文”——论梁启超与现代性文体的全面确立》,《临沂大学学报》2012 年第 1 期。

7 陈芳芳:《从“文学救国”到“文学本身”——梁启超文学教育思想研究》,硕士学位论文,山东师范大学,2015 年。

8 陈瑞凤:《〈新民丛报〉与梁启超的散文创作》,硕士学位论文,华南师范大学,2007 年。

9 仇　红:《政治小说：梁启超对日本近代文学的选择》，硕士学位论文，天津师范大学，2001 年。
10 邓　伟:《论梁启超“文界革命”与汉语书面体系变革》，《青海社会科学》2009 年第 2 期。
11 丁晓宇:《梁启超在五四新文化运动中的角色定位》，硕士学位论文，陕西师范大学，2015 年。
12 丁晓原:《梁启超与中国现代散文的发生》，《广东社会科学》2015 年第 1 期。
13 窦英杰:《开风气之先：近代广东阅读文化略论》，《图书馆论坛》2015 年第 6 期。
14 范　苓:《翻译文体的选择与创新——明治言文一致文体对梁启超的影响》，《辽宁师范大学学报》（社会科学版）2009 年第 3 期。
15 付　荣:《梁启超文学思想大众化取向》，硕士学位论文，东北师范大学，2006 年。
16 高　扬:《梁启超的文字改革观及近代日本的影响》，《湖湘论坛》1999 年第 1 期。
17 关爱和:《晚清：以报刊为中心的文学时代的开启》，《复旦学报》（社会科学版）2020 年第 3 期。
18 关爱和:《中国文学的“世纪之变”——以严复、梁启超、王国维为中心》，《文学评论》2016 年第 4 期。
19 关诗佩:《移植新小说观念：坪内逍遥与梁启超》，《中国文化研究所学报》（台湾）2006 年第 46 期。
20 郭　刚:《梁启超与清末的西学东渐——从 1898 年至 1911 年》，博士学位论文，武汉大学，2006 年。

21 郭洪雷：《认识新中国文学发展的一个重要维度——从作家个人阅读史出发的考察》，《天津社会科学》2019 年第 4 期。

22 何德功：《梁启超的新文体和日本明治文坛》，《中州学刊》1987 年第 2 期。

23 胡全章、关爱和：《晚清与“五四”：从改良文言到改良白话》，《中国社会科学》2018 年第 9 期。

24 黄　凰：《但开风气我为先——梁启超对中国 20 世纪新文学的影响》，《广州大学学报》2003 年第 10 期。

25 黄沛骊：《转型时期的选择——试论梁启超的文化认同》，硕士学位论文，贵州师范大学，2002 年。

26 姜　春：《论梁启超散文批评观的转型与创新》，《青海社会科学》2016 年第 6 期。

27 姜荣刚：《抵制“东瀛文体”：晚清古文革新的挫折与回潮》，《苏州大学学报》（哲学社会科学版）2014 年第 5 期。

28 姜异新：《“百来篇外国作品”寻绎——留日生周树人文学阅读视域下的“文之觉”》，《鲁迅研究月刊》2020 年第 1 期、第 2 期。

29 蒋英豪：《梁启超与中国近代新旧文学的过渡》，《南开学报》1997 年第 5 期。

30 李　怡：《日本体验与中国散文的近现代嬗变》，《文学评论》2004 年第 6 期。

31 李　怡：《日本体验与中国现代文学的发生》，博士学位论文，北京师范大学，2003 年。

32 李青果：《梁启超的两种“新文体”》，《社会科学论坛》2012 年第 8 期。

33 李新丽：《中国近代报刊与人的现代化——以梁启超的报刊活动为考察对象（1896—1907）》，博士学位论文，复旦大学，2009年。

34 廖志鹏：《“情”之魔力——梁启超文学变革的救国之道》，《东吴中文研究集刊》（台湾）2019年第25期。

35 林明德：《梁启超与晚清小说运动》，《中外文学》（台湾）第14卷第1期，1985年。

36 林香伶：《觉世与再创：论历史叙述在晚清新小说的运用》，《东海中文学报》（台湾）2009年第21期，。

37 刘　璞：《解读阅读之解——从布迪厄与夏蒂埃的阅读研究看社会学与历史学之交融》，硕士学位论文，北京大学，2011年。

38 刘　欣：《试论福泽谕吉女性论对梁启超女权观的影响》，硕士学位论文，延边大学，2014年。

39 刘茉琳：《梁启超的“新文体”与中国现代白话散文》，《华南师范大学学报》（社会科学版）2015年第4期。

40 刘统一：《日本文学对梁启超文学观念更新的影响》，《青海师专学报》1995年第4期。

41 刘兴忠：《汉语异质文言的欧化特征——以梁启超“新文体”语法现象为例》，《北华大学学报》（社会科学版）2021年第3期。

42 刘增杰：《略论梁启超散文的艺术魅力》，《河南师大学报》（社会科学版）1983年第2期。

43 龙　蕾：《梁启超对福泽谕吉思想的解读和评价》，硕士学位论文，广东外语外贸大学，2017年。

44 陆　胤：《“新青年”的“老童年”》，《汉语言文学研究》2015年第2期。

45 罗义华:《论梁启超的“流质性”与转型期中国文学的现代品格》,博士学位论文,四川大学,2006 年。
46 罗志田:《通中可分的中国传统治学模式》,《文艺研究》2021 年第 10 期。
47 闾小波:《论晚清阅读革命的兴起及政治功效》,《徐州师范大学学报》(哲学社会科学版)2012 年第 2 期。
48 马莉亚:《论戊戌前后梁启超的“文学革命”》,硕士学位论文,吉林大学,2008 年。
49 莫炳冉:《论梁启超“言文合一”的创作思想与实践》,硕士学位论文,湖北师范大学,2019 年。
50 莫志斌:《论梁启超对五四新文化运动的贡献》,《广州大学学报》(社会科学版)2005 年第 5 期。
51 牛仰山:《晚清“文界革命”论纲》,《青海社会科学》1984 年第 5 期。
52 彭　伟:《过渡时代梁启超诗学观的悖论性阐释》,硕士学位论文,山东大学,2007 年。
53 施宵宵:《严复与梁启超关于翻译语言争论的焦点透视》,硕士学位论文,浙江师范大学,2015 年。
54 史云波、董德福:《梁启超:五四新文化运动的先驱》,《中州学刊》1999 年第 1 期。
55 宋鹤群:《从日本明治时期报纸解读梁启超——以〈读卖新闻〉和〈朝日新闻〉为中心》(日文),硕士学位论文,东北师范大学,2014 年。
56 宋剑华、曹亚明:《梁启超的日译西学与五四新文学》,《河北学刊》

2007 年第 5 期。
57 孙　平:《梁启超与五四新文化运动关系探析》,《边疆经济与文化》2015 年第 11 期。
58 孙泽颖:《梁启超的阅读观及阅读教学观初探》, 硕士学位论文, 天津师范大学, 2016 年。
59 汤惟杰:《“小说界革命”与文类格局的重构——梁启超与中国近代文学观念中比较意识的兴起》,《同济大学学报(社会科学版)》1998 年第 3 期。
60 王　犇:《梁启超批评文体研究》, 硕士学位论文, 华东理工大学, 2013 年。
61 王崇名:《儒家宗教性与中日近代“民”观念的构造——梁启超“新民”与福泽谕吉“国民”的比较研究》,《庶民文化研究(台湾)》第 22 期, 2020 年。
62 王兆阳:《论梁启超新文体意识的形成》,《西安电子科技大学学报》(社会科学版) 2003 年第 3 期。
63 王志松:《梁启超与〈和文汉读法〉——“训读”与东亚近代翻译网络形成之一侧面》,《日语学习与研究》2012 年第 2 期。
64 王锺陵:《论晚清“文界革命”的孳生过程及其走向》,《社会科学辑刊》2003 年第 4 期。
65 韦慧敏:《开文章之新体, 激民气之暗潮——梁启超“新文体”研究》, 硕士学位论文, 中南民族大学, 2013 年。
66 韦胤宗:《阅读史: 材料与方法》,《史学理论研究》2018 年第 3 期。
67 温庆新:《阅读史视阈下的图像分析与研究路径》,《湖南师范大学社会科学学报》2019 年第 4 期。

68 文贵良：《梁启超对八股文的解构：从“二分对比”的改装到“三段论法”的引入》，《文艺理论研究》2010 年第 2 期。
69 吴　艳：《误读与文学批评理论话语的转型——以梁启超、王国维为例》，《中国现代文学》（台湾）2009 年第 15 期。
70 肖　朗、孙莹莹：《梁启超的〈和文汉读法〉及其对清末民初思想界的影响》，《浙江大学学报》（人文社会科学版）2017 年第 1 期。
71 谢飘云：《论梁启超新文体散文的特征》，《中山大学学报》（社会科学版）1998 年第 5 期。
72 熊　焰：《论梁启超“新文体”的复式比喻及专喻修辞法》，《暨南学报》（哲学社会科学版）2006 年第 3 期。
73 许　欢：《民国时期大众阅读研究》，博士学位论文，北京大学，2006 年。
74 薛　萍：《梁启超的“新学语”与中国古代文论的转型》，硕士学位论文，中国海洋大学，2010 年。
75 薛　羽：《“革命文学”论争与鲁迅思想文学研究——以“阅读史”为方法的考察》，博士学位论文，华东师范大学，2012 年。
76 姚苏平、钮庭友：《“新文体”：中国散文现代化的临界点》，《江苏第二师范学院学报》2014 年第 9 期。
77 伊丽娜：《化陋邦为新国——梁启超文化革新思想研究》，博士学位论文，黑龙江大学，2014 年。
78 易树人：《梁启超新文体的产生》，《江汉论坛》1992 年第 7 期。
79 元　青：《梁启超与五四新文化运动》，《南开学报》2005 年第 2 期。
80 袁一丹：《阅读史视野中的新文化运动》，《汉语言文学研究》2015 年第 2 期。

81 张　错：《西涛拍岸——“前五四文学现象”的文化索源反思》，《中外文学》（台湾）2004 年第 32 卷第 10 期。

82 张　娜：《回归与超越：梁启超后期思想与五四新文化运动》，《唐都学刊》2020 年第 1 期。

83 张　朔：《周作人绍兴时期（1911—1917）阅读史与“人的文学”观念的建构》，硕士学位论文，温州大学，2018 年。

84 张　瑜：《“合理”地被放逐——由“文化调和论”看梁启超与“五四”新文化运动的关系》，《海南师范大学学报》（社会科学版）2009 年第 1 期。

85 张　瑜：《梁启超在“五四”新文化运动中的角色考辨》，硕士学位论文，河北大学，2006 年。

86 张冠夫：《梁启超：重新勘定中国文学的现代认同——兼及其对于新文学家文化人格的构建》，《北京交通大学学报》（社会科学版）2014 年第 3 期。

87 张冠夫：《梁启超的欧洲文学论与五四新文化运动——以〈欧游心影录〉为中心的考察》，《齐鲁学刊》2013 年第 2 期。

88 张敬燕：《影响五四新文化运动的重要成果——略论梁启超新闻文的创作特色》，《河南社会科学》2010 年第 3 期。

89 张上明：《论梁启超新体散文的特色》，硕士学位论文，华中科技大学，2005 年。

90 张耀宗：《梁启超读书法之探析》，《慈济大学人文社会科学学刊》（台湾）2021 年第 26 期。

91 张志强：《近代佛学与今文经学——以康有为与欧阳竟无为中心的讨论》，《清华国学》（第 4 辑），北京：社会科学文献出版社，

2023 年。

92 张仲民：《亡国之媒”：梁启超与清末民初的阅读文化》，《南京政治学院学报》2017 第 2 期。

93 赵阿荣：《梁启超与五四新文化运动》，硕士学位论文，陕西师范大学，2010 年。

94 赵亚珉：《读者在文学活动中的主体作用——读者的积极阅读在文学意义探寻中的作用研究》，博士学位论文，河南大学，2005 年。

95 赵禹冰：《王国维对美学文本的阅读史研究》，硕士学位论文，东北师范大学，2006 年。

96 仲济强：《从“时务策”到“杂感文”——晚清以降报刊论式与鲁迅杂感修辞》，硕士学位论文，北京大学，2013 年。

97 仲济强：《当纵横家言遇到东瀛文体：略谈日本时期的梁启超对报章文体的贡献》，《汉语言文学研究》2018 年第 1 期。

98 周光玲：《梁启超对魏晋文学的接受》，硕士学位论文，南昌大学，2012 年。

99 周圣来：《和制汉词在中国的传播及影响：以黄遵宪和梁启超为中心》，《人文中国学报》（台湾）2014 年第 20 期。

100 周叶飞：《“阅”与“读”：关于中国报刊阅读史研究的一点思考》，《史林》2021 年第 5 期。

101 周月峰：《另一场新文化运动——梁启超诸人的文化努力与五四思想界》，《“中央研究院”近代史研究所集刊》（台湾）2019 年第 105 期。

102 朱文华：《简论晚清“新文体”散文》，《复旦学报》（社会科学版）1995 年第 3 期。

103 朱玉锐：《梁启超文学思想研究》，硕士学位论文，黑龙江大学，2018年。

二、专著

1［加］阿尔维托·曼古埃尔：《理想的读者》，宋伟航译，桂林：广西师范大学出版社，2019年。

2［加］阿尔维托·曼古埃尔：《阅读史》，吴昌杰译，北京：商务印书馆，2002年。

3［美］查尔斯·麦格拉斯编：《20世纪的书：百年来的作家、观念及文学——〈纽约时报书评〉》，朱孟勋等译，北京：生活·读书·新知三联书店，2001年。

4［美］李文荪：《梁启超》，张力译，台北：长河出版社，1978年。

5［美］列文森：《梁启超与近代中国思想》，盛韵译，香港：香港中文大学出版社，2023年。

6［美］林·亨特编：《新文化史》，姜进译，上海：华东师范大学出版社，2011年。

7［美］罗伯特·达恩顿：《启蒙运动的生意——〈百科全书〉出版史（1775—1800）》，叶桐、顾杭译，北京：生活·读书·新知三联书店，2005年。

8［美］莫提默·J. 艾德勒、查尔斯·范多伦：《如何阅读一本书》，郝明义、朱衣译，北京：商务印书馆，2014年。

9［美］约瑟夫·阿·勒文森：《梁启超与中国近代思想》，刘伟等译，成都：四川人民出版社，1986年。

10 [美] 张灏：《梁启超与中国思想的过渡（1890—1907）》，崔志海、葛夫平译，南京：江苏人民出版社，1995 年。

11 [日] 藤井省三：《鲁迅〈故乡〉阅读史：近代中国的文学空间》，董炳月译，北京：北京大学出版社，2001 年。

12 [日] 狭间直树编：《梁启超·明治日本·西方——日本京都大学人文科学研究所共同研究报告》（修订版），北京：社会科学文献出版社，2012 年。

13 [日] 小森阳一：《日本近代国语批判》，陈多友译，长春：吉林人民出版社，2011 年。

14 [日] 子安宣邦：《汉字论：不可回避的他者》，顾春译，北京：生活·读书·新知三联书店，2021 年。

15 [日] 佐藤将之编：《东洋哲学的创造：井上圆了与近代日本和中国的思想启蒙》，台北：台湾大学出版中心，2023 年。

16 [日] 佐藤一郎：《中国文章论》，赵善嘉译，上海：上海古籍出版社，1996 年

17 [苏] 伊林：《书的故事》，胡愈之译，北京：生活·读书·新知三联书店，2012 年。

18 曹 雯：《汉字汉文在日本：明治时期日本文字语言文体改良研究》，北京：人民出版社，2021 年。

19 曹南屏：《阅读变迁与知识转型：晚清科举考试用书研究》，北京：社会科学文献出版社，2018 年。

20 陈 捷：《研究系与〈时事新报·学灯〉》，南京：南京大学出版社，2021 年。

21 陈平原：《从文人之文到学者之文：明清散文研究》，北京：生活·读

书·新知三联书店，2017 年。

22 陈平原：《现代中国的述学文体》，北京：北京大学出版社，2020 年。

23 陈平原：《中国现代学术之建立：以章太炎、胡适之为中心》，北京：北京大学出版社，2020 年。

24 陈平原等编：《二十世纪中国小说理论资料》（1—5 卷），北京：北京师范大学出版社，1997 年。

25 陈其泰：《梁启超评传》，南宁：广西教育出版社，1996 年。

26 陈文辉：《传统文化的影响与周作人的文学道路》，北京：中国社会科学出版社，2015 年。

27 陈子展：《中国近代文学之变迁》，上海：中华书局，1929 年。

28 陈子展：《中国近代文学之变迁·最近三十年中国文学史》，上海：上海古籍出版社，2013 年。

29 陈子展：《最近三十年中国文学史》，上海：太平洋书店，1930 年。

30 褚金勇：《从书籍到报刊：晚清文人的书写转型研究》，北京：中国社会科学出版社，2021 年。

31 戴联斌：《从书籍史到阅读史：阅读史研究理论和方法》，北京：新星出版社，2017 年。

32 邓子美：《传统佛教与中国近代化——百年文化冲撞与交流》，上海：华东师范大学出版社，1994 年。

33 丁文江、赵丰田编：《梁启超年谱长编》，上海：上海人民出版社，2009 年。

34 丁晓原：《行进中的现代性：晚清“五四”散文论》，北京：中国社会科学出版社，2016 年。

35 丁晓原：《媒体生态与现代散文》，上海：上海三联书店，2014 年。
36 董德福：《梁启超与胡适——两代知识分子学思历程的比较研究》，长春：吉林人民出版社，2004 年。
37 董方奎编：《梁启超研究著论目录》，武汉：崇文书局，2010 年。
38 范伯群、朱栋霖主编：《1898—1949 中外文学比较史》（上下卷），南京：江苏教育出版社，2007 年。
39 范培松：《中国散文史》（上下卷），南京：江苏教育出版社，2008 年。
40 方长安：《选择·接受·转化——晚清至 20 世纪 30 年代初中国文学流变与日本文学关系》，武汉：武汉大学出版社，2003 年。
41 傅斯年：《傅斯年全集》，长沙：湖南教育出版社，2003 年。
42 高振农：《佛教文化与近代中国》，上海：上海社会科学院出版社，1992 年。
43 葛兆光：《西潮又东风：晚清民初思想、宗教与学术十论》，上海：上海古籍出版社，2006 年。
44 葛兆光：《中国思想史》（导论、第一卷、第二卷），上海：复旦大学出版社，2021 年。
45 郭延礼：《近代西学与中国文学》，南昌：百花洲文艺出版社，2000 年。
46 郭延礼：《中国前现代文学的转型》，济南：山东大学出版社，2005 年。
47 国立北平图书馆编：《梁氏饮冰室藏书目录》，北京：北京图书馆出版社，2005 年。
48 胡适著，季羡林主编：《胡适全集》，合肥：安徽教育出版社，

2003 年
49 胡全章:《近代中国报章之兴与文体之变》, 北京: 九州出版社, 2021 年。
50 黄克武:《文字奇功: 梁启超与中国学术思想的现代诠释》, 桂林: 广西师范大学出版社, 2024 年。
51 黄克武:《一个被放弃的选择——梁启超调适思想之研究》, 北京: 新星出版社, 2006 年。
52 黄遵宪著, 陈铮编:《黄遵宪全集》, 北京: 中华书局, 2005 年。
53 简朝亮编:《清朱九江先生次琦年谱》, 台北: 台北商务印书馆有限股份公司, 1978 年。
54 蒋海怒:《晚清政治与佛学》, 上海: 上海古籍出版社, 2012 年。
55 蒋晓丽:《中国近代大众传媒与中国近代文学》, 成都: 巴蜀书社, 2005 年。
56 解玺璋:《梁启超》, 北京: 化学工业出版社, 2018 年。
57 卞东磊:《古典心灵的现实转向: 晚清报刊阅读史》, 北京: 社会科学文献出版社, 2015 年。
58 康东元:《日本近代文学汉译全典》, 北京: 外语教学与研究出版社, 2017 年。
59 康有为:《康南海自编年谱 (外二种)》, 楼宇烈整理,, 北京: 中华书局, 1992 年。
60 康有为:《长兴学记》, 陈汉才校注, 广州: 广东高等教育出版社, 1991 年。
61 李　帆编:《中国近代思想家文库·刘师培卷》, 北京: 中国人民大学出版社, 2015 年。

62 李　今主编：《：汉译文学序跋集》（1—4 卷），上海：上海人民出版社，2017 年。
63 李茂民：《在激进与保守之间——梁启超五四时期的新文化思想》，北京：社会科学文献出版社，2006 年。
64 李小艳：《梁启超经世佛学思想研究》，北京：文物出版社，2015 年。
65 李泽厚：《中国近代思想史论》，北京：生活·读书·新知三联书店，2008 年。
66 李振声：《重溯新文学精神之源：中国新文学建构中的晚清思想学术因素》，上海：上海人民出版社，2020 年。
67 连燕堂：《从古文到白话——近代文界革命与文体流变》，北京：中央民族大学出版社，2000 年。
68 连燕堂：《梁启超与晚清文学革命》，桂林：漓江出版社，1991 年。
69 梁启超著，贾菁菁编选：《梁启超演讲集》，天津：天津古籍出版社，2005 年。
70 梁启超著，绿林书房辑校：《梁启超书话》，杭州：浙江人民出版社，1998 年。
71 梁启超著，汤志钧、汤仁泽编：《梁启超全集》（1—20 集），北京：中国人民出版社，2018 年。
72 林少阳：《“文”与日本学术思想：汉字圈 1700—1990》，北京：中央编译出版社，2012 年。
73 刘宝强：《清代文体述略》，成都：电子科技大学出版社，2018 年。
74 楼沪光、孙琇主编：《中国序跋鉴赏辞典》，石家庄：河北教育出版社，2003 年。
75 卢冀野：《近代中国文学讲话》，上海：上海会文堂新记书局，

1930 年。
76 鲁　迅：《鲁迅全集》，北京：人民文学出版社，2005 年。
77 陆　胤：《变风变雅：清季民初的诗文学术与政教》，上海：上海人民出版社，2021 年。
78 陆　胤：《国文的创生：清季文学教育与知识衍变》，北京：社会科学文献出版社，2022 年。
79 陆信礼：《梁启超中国哲学史研究评述》，北京：中国社会科学出版社，2013 年。
80 罗检秋：《新会梁氏：梁启超家族文化史》，济南：山东画报出版社，2018 年。
81 罗义华：《论梁启超"流质性"与转型期中国文学的现代品格》，武汉：华中师范大学出版社，2007 年。
82 罗志田：《风雨鸡鸣：变动时代的读书人》，北京：生活·读书·新知三联书店，2019 年。
83 马　勇编：《梁启超语萃》，北京：华夏出版社，1993 年。
84 马春林：《中国晚清文学革命史》，沈阳：辽宁大学出版社，2000 年。
85 潘光哲：《晚清士人的西学阅读史（一八三三—一八九八）》，南京：凤凰出版社，2019 年。
86 潘光哲：《晚清士人的西学阅读史（一八三三—一八九八）》，台北："中央研究院"近代史研究所，2014 年。
87 齐　全、李焕青编著：《梁启超读书著文法》，北京：中国社会科学出版社，2010 年。
88 齐全编著：《梁启超著述及学术活动系年纲目》，北京：中国社会科学出版社，2011 年。

89 钱　穆：《中国近三百年学术史（1636—1912）》，新北：台湾商务印书馆股份有限公司，2019 年。

90 钱基博：《现代中国文学史》（全 2 册），长春：吉林出版集团股份有限公司，2017 年。

91 石云艳：《梁启超与日本》，天津：天津人民出版社，2005 年。

92 舒新城编：《中国近代教育史资料》，北京：人民教育出版社，1981 年。

93 谭桂林：《现代中国佛教文学史稿》，合肥：安徽教育出版社，2015 年。

94 汤志钧、汤仁泽编著：《饮冰室遗珍：未收入结集的梁启超文稿及函札》，北京：中国人民大学出版社，2016 年。

95 唐娒嘉：《过渡之舟：〈胡适留学日记〉研究》，南京：凤凰出版社，2022 年。

96 王　龙：《阅读史导论》，北京：国家图书馆出版社，2017 年。

97 王德威主编：《哈佛新编中国现代文学史》（上下卷），台北：麦田出版股份有限公司，2021 年。

98 王法周、刘晨：《中国近代思想通史》（第 1 卷），北京：社会科学文献出版社，2022 年。

99 王佥崇：《东西文化之辨：梁启超的哲学思考》，北京：中国社会科学出版社，2018 年。

100 王心裁：《梁启超读书生涯》，武汉：长江文艺出版社，1998 年。

101 魏万磊：《晚年梁启超与五四“文化保守派”》，北京：中国社会科学出版社，2020 年。

102 吴福辉：《（插图本）中国现代文学发展史》，台北：人间出版社，2010 年。

103 吴其昌：《梁启超传》，北京：台海出版社，2019 年。

104 吴天任：《梁启超年谱》（1—4 册），广州：广东人民出版社，2018 年。

105 夏晓虹：《阅读梁启超》（全 3 册），北京：东方出版社，2019 年。

106 夏晓虹编：《梁启超学术文化随笔》，北京：中国青年出版社，1996 年。

107 夏晓虹编：《追忆梁启超》（增订本），北京：生活·读书·新知三联书店，2009 年。

108 谢飘云：《中国近代散文史教程》，北京：科学出版社，2010 年。

109 许纪霖：《中国知识分子十论》，上海：复旦大学出版社，2003 年。

110 许知远：《青年变革者：梁启超（1873—1898）》，上海：上海人民出版社，2019 年。

111 杨世骥著，胡全章编：《杨世骥文存》，北京：中国大百科全书出版社，2015 年。

112 易鑫鼎：《梁启超和中国现代文化思潮》，北京：首都师范大学出版社，2009 年。

113 易鑫鼎：《万木森森一草堂：梁启超的读书生活》，沈阳：万卷出版公司，2018 年。

114 於梅舫：《学海堂与汉宋学之浙粤递嬗》，北京：社会科学文献出版社，2016 年。

115 余英时：《中国近代思想史上的胡适》，台北：联经出版事业股份公司，1984 年。

116 袁一丹：《另起的新文化运动》，北京：生活·读书·新知三联书店，2021 年。
117 袁咏红、程军强：《但开风气不为师——梁启超》，济南：齐鲁书社，2014 年。
118 袁咏红：《梁启超图传》，武汉：湖北人民出版社，2007 年。
119 张寿安主编：《晚清民初的知识转型与知识传播》，北京：北京师范大学出版社，2018 年。
120 张之洞著，苑书义、孙华峰、李秉新主编：《张之洞全集》，石家庄：河北人民出版社，1998 年。
121 张之洞著，赵德馨主编：《张之洞全集》，武汉：武汉出版社，2008 年
122 张仲民：《种瓜得豆：清末民初的阅读文化与接受政治》（修订本），北京：社会科学文献出版社，2021 年。
123 章 清：《清季民国时期的“思想界”——新型传播媒介的浮现与读书人新的生活形态》（上、下），北京：社会科学文献出版社，2014 年。
124 郑匡民：《梁启超启蒙思想的东学背景》，上海：上海书店出版社，2009 年。
125 周月峰：《另一场新文化运动》，北京：北京大学出版社，2023 年。
126 周作人：《中国新文学的源流》，北平：人文书店，1932 年。
127 周作人著，钟叔河编订：《周作人散文全集》，桂林：广西师范大学出版社，2009 年。
128 朱晓进等：《作为语言艺术的中国现代文学发展史——文学语言变迁与中国现代文学形式的演进》，北京：人民出版社，2015 年。

三、外文文献

1 川尻文彦：《梁啓超と徳富蘇峰：馮自由「日人徳富蘇峰与梁啓超」と梁啓超の「盗用」をめぐって》，《愛知県立大学外国語学部紀要第48号（言語·文学編）》，2016年。

2 徳富蘇峰：《インスピレーション》，《国民の友》第22号，1888年5月22日。

3 菅沼岩藏：《文字文章改良论》，东京：嵩山房，1895年。

4 李長波編集、解說：《近代日本語教科書選集》（第7卷），東京：クロスカルチャー出版，2010年。

5 李运博：《中日近代词汇的交流——梁启超的作用与影响》（日文版），天津：南开大学出版社，2006年。

6 前田愛：《明治歷史文学の原像——政治小説の場合》，《展望》9月号，東京：筑摩書房，1976年9月。

7 矢野文雄：《日本文体文字新论》，东京：报知社，1886年。

8 狭間直樹編：《共同研究　梁啓超：西洋近代思想受容と明治日本》，東京：みすず書房，1999年。

9 夏晓虹：《也説梁啓超的盗用》，《清末小説から》第22号，1991年7月1日。

10 言文一致研究会编：《言文一致》，京都：吉冈书店，1901年。

11 伊藤整等监修：《日本近代文学大系·第2卷·明治政治小说集》，东京：角川书店，1974年。

12 樽本照雄：《梁啓超の盗用》，《清末小说から》第20期，1991年

1月。

13 Edward Gunn, *Rewriting Chinese: Style and Innovation in Twentieth – Century Chinese Prose*, Stanford: Stanford University Press, 1991.

四、连续出版物

1《大中华杂志》(*The Great Chung Hwa Magazine*)

2《国风报》

3《清议报》

4《时务报》

5《学报》

6《新民丛报》

7《新青年》

8《新小说》

9《庸言》(*The Justice*)

10《政论》

11《知新报》

12《学衡》

其他期刊报纸不赘。

后　　记

这是我的第一本小书，感谢的话理应置于最前。2023 年 9 月，我自南京毕业，来到广州继续读博。因为空间的逼仄，此外也是想要以事促行，入学后不久，我卖掉了厚重的 20 卷百来斤的《梁启超全集》，借以“告别”一些东西。一次偶然的交流，我萌发了想要以硕士论文为基础，出版一本小书的想法。感谢南方日报出版社的“年度原创精品出版基金”项目，使得迷茫的自己能够“具体”起来，以之为抓手，便顾不上“苦闷”。于是，我便又没能“告别”，“重拾”起来，这便是本书的来由。

在它还是硕士论文初稿的时候，南京师范大学的李静老师，兼具学位论文指导老师与多年资深编辑的双重身份，曾有一番“文章病院”式的指导与修改，小到脚注标记的位置、注释的规范以及语言的精确。我看后十分感动，亦收获良多。与汪注师兄、许蓓蓓师姐因之结缘，亦是人生一大幸事，他们皆已为人父母，又是“带艺从学”，惠我良多。虽然有年龄上的分野，日常交流仍然融洽。学位论文的框架修订曾与师兄反复商讨，他又赠送了我诸多梁氏研究资料；蓓蓓姐是日语专业出身，研究梁启超阅读史，免不了涉及日文书、明治文化，这方面她亦帮助了许多。

排版稿出来后，我仔细地修改了一遍，书眉脚注也不曾放过，而后，又核对了每一处引文和注释，包括附录部分。如此庞大的工程，自然非一人之力可以速成。博士室友梁致远、杨冠哲在我昼夜“赶工期”的一年里，诸多包容；硕士室友张力、葛晓男、刘文韬虽不在同地，亦时常“云”关切我的健康和学习。这是难能可贵的情谊。

感谢郭海峰、李永建、冯波、朱洪涛等老师日常的鼓励与引导，这让“后生小子”的我，坚定了自己的航向，多了一点“定力”。与书友群（故纸寻踪、图南广厦）、众筹群、在读硕博交流群内诸位朋友的日常交流，愉快融洽。感谢这些“赛博搭子”们，他们使我相信未来是属于青年人的。感谢我的家人，是你们，让我更有力量。

2024 年 10 月 15 日于暨南本部校订完稿